율리시스

Ulysses

제임스 조이스

세계의 교양을 읽는다

고전을 왜 읽는가?

인간의 삶과 세상에 대한 영원한 물음이 있기 때문이다. 시대와 사상을 뛰어넘어 지금 여기 우리에게 필요한 물음이 없는 고전은 더이상 고전이 아니다. 인간과 삶에 대한 근원적인 물음 없이 고전을 읽는다면 자신과 인간에 대한 성찰과 지혜로 이어지지 않는다. 논술 시험 때문에, 과제물 때문에, 아니면 남들이 읽으니까, 나도 읽는다는 식이라면 그 책은 죽은 책일 수밖에 없다.

고전을 살아 있는 책으로 만드는 이 '물음!'에 답하기 위해서는 좋은 길잡이가 필요하다. 40년 이상 미국의 고교생과 대학 주니어들이 시험, 에세이 작성, 심층토론 준비를 위해 바이블처럼 애용해온 'CliffsNotes'와 'SPARKNOTES'는 바로 그런 좋은 길잡이의 표본이다. 이 두 시리즈가 원조 논술연구모임인 '일이관지(一以貫之)' 팀의 촌철살인적 해설을 곁들여 〈다락원 명작노트〉로 재탄생해 논술로 고민중인 대한민국 학생 여러분을 찾아간다.

CliffsNotes와 SPARKNOTES의 가장 큰 장점은 방대하고 난해한 고전을 Chapter별로 요약하고 분석해서 원전의 내용에 보다 쉽고 체계적으로 접근하는 신속·간편성이라고 할 수 있다. 여기에 '一以貫之'팀이 원전의 중요한 문제의식, 즉 근원적 '물음'은 무엇이며, 그 '물음'은 오늘날에도 여전히 유효한가, 라는 질문을 다시 던진다.

대입논술로 고민하고, 자칭 타칭의 고전이 넘쳐나는 오늘의 독서풍토에서 지적 정복이 긴박한 대한민국 학생들에게 감히 이 시리즈를 자신 있게 권한다.

一以貫之 논술연구모임 연구실장 이호곤

CliffsNotes와 SPARKNOTES는 방대한 원작을 보다 쉽게 이해할 수 있도록 돕는 안내서입니다. 원작 이해를 돕기 위해 작가와 작품에 대한 배경지식, 그리고 매 장마다 '줄거리 및 풀어보기'가 실려 있습니다. '줄거리'를 통해서는 원작의 내용을 명쾌하게 파악함으로써 독서의 즐거움을 느낄 수 있을 것입니다. '풀어보기'에는 원작에 담긴 문학적 경향, 등장인물의 심리상태, 시대상, 주제 등을 설명해 놓았습니다. 비판적 글읽기의 바탕이 되는 요소들이죠. 비판적 글읽기는 소설과 비소설 작품을 막론하고 책을 읽을 때 꼭 필요한 자질입니다.

그 밖에도 작품을 좀더 심오하게 분석할 수 있도록 '마무리 노트', 'Review' 등을 마련해 놓아 독자 여러분의 글읽기를 돕고 있습니다.

* 〈   〉는 장편소설, 중편소설, 논픽션, 시집. "   "는 수필집, 단편소설

○ 일이관지(一以貫之) 논술노트

권말에는 一以貫之 논술팀에서 작성한 논술 노트가 실려 있습니다. 원작을 우리의 삶과 연계시켜 비판적 사고와 논리적 글쓰기의 방향을 제시합니다.

○ 실전 연습문제

논술예제와 기출문제를 통해서는 원작을 바탕으로 출제 가능성이 높은 논점을 함께 숙고해 봅니다.

작가의 생애 ○

등장인물 ○

작가의 생애

제임스 어거스틴 조이스 James Augustine Joyce는 1882년 2월 2일 아일랜드의 수도 더블린의 작은 마을 라스가에서 태어났다. 10남매 중 장남인 그는 형제가 다섯 명이 더 있었지만 모두 어릴 때 죽었다. 조이스의 아버지 존 스태니슬라우스 조이스(1849-1931)는 〈율리시스 *Ulysses*〉에 등장하는 사이먼 데덜러스의 전형으로, 매력적이고 똑똑했으나 미코버 씨처럼 씀씀이가 헤퍼 집안 사정은 계속 나빠졌다. 따라서 조이스의 어린 시절은 피폐한 생활의 연속이었다.

이 같은 궁핍한 상황에서도 조이스는 아들의 재능을 알아본 아버지 덕분에 훌륭한 교육을 받을 수 있었다. 그는 1888년부터 1891년까지 킬데어 시의 권위 있는 기숙학교 클롱고스 우드 칼리지(초등학교)에 다녔고, 1893년부터 1898년까지는 더블린의 벨베데르 칼리지에서 공부했으며, 1902년에는 더블린의 유니버시티 칼리지(대학교)를 졸업했다.

조이스의 학창시절에 발생했던 특기할 만한 사건이라면 찰스 스튜어트 파넬의 죽음(1891년 10월)을 들 수 있다. 아버지의 정치적·민족적 신념을 굳게 믿고 받아들였던 어린 조이스는 키티 오셰이와의 애정행각 때문에 명예가 실추된 민족주의 지도자 파넬이 추종자들에게 '배신을 당했다'고 생각했다. 즉 파넬은 키티 오셰이와 남편의 이혼재판 때문에 아일랜드 민족당 당수직에서 물러났던 것. 당시 아홉 살이던 조이스는 파넬의 죽음을 애도하기 위해 배신자들을 신랄하게 비난하는 "힐리, 너마저도 Et Tu, Healy"라는 시를 썼다. 그리고 〈젊은 예술가의 초상 *A Portrait of the Artist as a Young Man*〉에서 스티븐 데덜러스는 아일랜드를 떠나는 이유 중 하나로 조국이 항상 예언자들을 파멸시켰다는 두려움을 꼽았다.

유니버시티 칼리지에서 조이스는 평판이 좋지 않은 주장들을 공개적으로 지지했다. 그는 보수적인 더블린의 가톨릭계에서 비난받는 헨릭 입센*의 진가를 주장하며 18세에 포트나이틀리 리뷰에 "입센의 신극 Ibsen's New Drama"이라는 논문을 게재했다. 1900년에는 유니버시티 칼리지의 문학과 역사학회에서 셰익스피어와 그리스의 연극을 반대하며 근대 극작가들을 옹호하는 "연극과 인생 Drama and Life"이란 논문을 발표했다. 그리고 "소요의 날 The Day of the Rabblement"(1901)이란 평론에서는 초기 아일랜드 문예극 운동이 섬나라 근성이 넘치고 유럽 문화와 너무 동떨어져 있다며 비난했다. 그에게는 아일랜드의 농민과 민속극을 매우 강조하는 그레고리 부인, 윌리엄 버틀러, 그리고 아일랜드 문예극장의 지도자들이 매우 편협해 보였던 것이다.

---

* **헨릭 입센**(Henrik Ibsen, 1828-1906): 노르웨이의 극작가. 근대극을 확립하였고 근대 사상과 여성해방 운동에 영향을 미쳤다. 대표작 〈인형의 집〉.

　　1902년, 조이스는 유니버시티 칼리지를 떠나 의학을 공부하고 글을 쓰려고 파리로 갔다. 그곳에 잠시 머물다가 아일랜드로 돌아온 그는 문학에 전념하고자 1903년에 다시 파리로 갔으나 어머니의 임종이 임박했다는 아버지의 전보를 받고 1903년 4월 10일 더블린으로 돌아왔다.(어머니는 1903년 8월 13일 암으로 세상을 떠났다.) 더블린에서는 수개월 동안 대부분의 시간을 의대생들과 어울려 술을 마시며 보냈으나, 1904년 초 작품을 쓰기로 마음 먹으면서 그 생활을 청산했다. 그해 6월 10일, 조이스는 평생을 함께할 골웨이 출신의 스무 살 처녀 노라 바나클을 만났다. 〈율리시스〉에 나오는 유명한 6월 16일 '블룸스데이 Bloomsday'는 필시 그가 노라와 사랑에 빠진 날이다. 1904년 10월, 조이스는 벌리츠 학교에서 교편을 잡기 위해 노라와 함께 취리히로 떠났다.

　　취리히에서 조이스는 벌리츠 학교 관리들이 그가 지원한 사실조차 모른다는 말을 듣는다. 그 결과 1904년 10월부터 1915년 6월 말까지는 혼란스러운 시기였다.(제1차 세계대전 때문에 살 곳을 찾으려고 트리에스테를 떠나 다시 취리히로 돌아가기로 한다.) 당시 조이스의 인생에서 몇 가지 힘든 일이 있었다. 첫째, 그는 폴라, 로마, 그리고 1904년부터 1915년에 걸쳐 주로 머물렀던 트리에스테를 싫어했다. 둘째는 〈더블린 사람들 Dubliners〉의 출판 지연이다. 이 작품은 1914년에 출간되었다. 셋째는 1909년 아일랜드를 방문했을 때 친구

빈센트 코스그레이브의 농담을 듣고 1904년 노라에게 구애하던 시기에 그녀가 한눈을 팔았다고 의심하게 된 일이다. 1909년에는 더블린에서 볼타 영화관을 개관하고 영화 사업에 뛰어들었으나 실패했다. 그러나 아들 조르지오(1905년)와 딸 루치아 안나(1907년)가 태어나면서 마음의 안정을 찾았고, 예이츠*, 파운드**, 도라 마스던의 지지도 큰 힘이 되었다. 마스던은 〈젊은 예술가의 초상〉을 그녀의 평론지 에고이스트에 1914년 2월부터 1915년 9월까지 연재하기로 한다.

조이스의 재정 상태는 취리히에서 상당히 개선되었다. 그는 여러 나라의 학생들을 대상으로 계약직 가정교사를 했으며, 파운드와 예이츠의 도움으로 왕실문학기금의 보조를 받았다. 게다가 후원자도 두 명 더 늘었다. 1917년 2월부터 후원하기 시작한 해리엇 쇼 위버와 1918년 3월부터 1919년 9월까지 많은 후원금을 제공했던 취리히 거주 미국인 이디스 록펠러 매코믹 부인이 그들이다. 위버 여사는 1916년 뉴욕에서 B. W. 휩시가 〈젊은 예술가의 초상〉을 출판하자 1917년에 영국판을 출판하려고 에고이스트 출판사를 설립했다.(《율리시스》의 연재는 뉴욕의 리틀 리뷰에서 1918년 3월부터 시작됐고, 희곡

---

* **버틀러 예이츠**(William Butler Yeats. 1865-1939)：아일랜드 시인 겸 극작가. 1923년에는 노벨문학상을 수상하였다. 대표작 〈환상 *A Vision*〉.
** **에즈라 파운드**(Ezra Loomis Pound. 1885-1972)：미국의 시인. 신문학 운동의 중심이 되어 엘리엇, 조이스를 소개하였다. 대표작 〈피산 캔토스 *Pisan Cantos*〉.

〈망명자들 *Exiles*〉은 1918년에 출판되었다.)

　　생활이 나아지면서, 1912년 이후로 다시는 아일랜드를 찾지 않겠다고 결심할 정도로 냉담했던 조국에 대한 그의 태도는 많이 누그러졌다. 게다가 취리히에서는 영어에 대한 '공격'을 촉진하면서 문학의 전통적 표현양식을 재구성했다. 그러나 비교적 안정되었던 취리히 생활에도 일부 어두운 그림자가 드리워졌다. 1918년부터 1919년 초까지 마르타 플라이슈만이란 스위스 여성과 가졌던 은근한 연애가 슬프게 막을 내렸고(《율리시스》에서 마사 클리퍼드의 모델), 1917년 8월에는 15년 동안 11차례나 받았던 눈 수술 중 첫 번째 수술이 있었다. 1919년 10월 취리히를 떠나 트리에스테로 갔던 그는 파운드의 권유에 따라 1920년 늦은 봄에 파리로 이사해 그곳에서 19년간 살았다.

　　처음 몇 년간의 파리 생활은 비교적 행복했다. 파운드는 조이스의 작품들을 불어로 번역하도록 주선했고, 조이스는 파리가 〈율리시스〉를 시작하기에 최적의 장소라고 느꼈다. 한 친구는 무상으로 아파트를, 다른 친구들은 옷과 가구를 빌려주었다. 〈율리시스〉 출간 2개월 전부터 유명한 비평가 발레리 라르보가 이 작품에 대한 대중 강연을 펼쳤으며, 마침내 1922년 2월 2일 조이스의 40번째 생일에 실비아 비치가 설립한 세익스피어 앤 컴퍼니에서 출간되었다.

　　1923년 3월 10일, 조이스는 〈피네간의 경야(經夜)

Finnegans Wake〉를 시작했다. 이 작품은 1939년 5월 4일 단행본으로 출판될 때까지 여러 잡지에 부분적으로 실렸다.(1927년 4월부터 1938년 4, 5월까지 유진과 마리아 졸라스 부부의 트랜지션에 게재되었을 때가 가장 눈에 띈다.) 조이스는 이 수수께끼 같은 책 때문에 대다수의 오랜 문학 동지를 잃었고, 얼핏 무의미해 보이는 언어들로 인해 많은 친구들로부터 따돌림을 당했다. 파운드는 그 작품이 도대체 무슨 말을 하는지 모르겠다고 불평했고, 그 결과 두 사람의 관계는 1920년대 후반부터 팽팽해졌다. 조이스의 동생 스태니슬로스마저 〈피네간의 경야〉를 이해할 수 없는 허튼소리로 평가했다. 이러한 평판에 매우 낙담한 조이스는 1929년에 아일랜드 작가 제임스 스티븐스에게 그를 위해 〈피네간의 경야〉를 마치겠다고 제안했다. 제2차 세계대전 발발 수개월 전이란 〈피네간의 경야〉 출판 시점은 상심한 조이스에게는 마지막 희망이었으나, 곧이어 전쟁 때문에 다시 한 번 이사를 해야만 했다. 게다가 실망의 나날 속에서도 1930년대는 딸 루치아의 정신분열증 치료에 정신없이 매달렸다. 그다지 효과는 없었지만 조이스는 노력을 밈추지 않았다.

위경련으로 쓰러진 조이스는 십이지장궤양 수술을 받기로 했으나 의식을 회복하지 못하고 1941년 1월 13일 세상을 떠났다. 그리고 취리히의 한 언덕에 자리한 플룬테른 묘지에 묻혔다.

등장인물

아토스 *Athos* 자살한 블룸의 아버지가 기르던 개. 아버지는 유서에서 블룸에게 아토스를 잘 보살피라고 부탁하는 내용을 남긴다. 아토스는 오디세우스의 귀향을 기다렸던 충직한 개 아르고스와 대응된다. 아르고스는 주인이 귀향한 후에 죽는다.

알렉 배넌 *Alec Bannon* 벅 멀리건의 활동범위에서 한 부분을 차지하며, 블룸의 열다섯 살짜리 딸 밀리 블룸을 만났다. 블룸은 보일런과 몰리가 정사를 벌이는 동안 밀리를 집에서 벗어나게 하려고 사진술을 배우라며 멀리건으로 보냈다. '태양신의 황소들' 장에서 멀리건과 함께 혼 박사의 병원에 나타나 밀리와 대화한다.

필립 뷰포이 *Philip Beaufoy* 주간지 팃비츠에 그럴듯한 단편 소설들을 쓴다. 그를 훌륭한 작가라고 생각하는 블룸은, 특히 상을 받은 기사 "매첨의 탁월한 수완 Matcham's Masterstroke"을 모방하는 꿈을 꾼다.

리처드 어빈 베스트 *Richard Irvine Best* 더블린의 국립도서관 부관장(1904년 이후는 관장)이었고, '스킬라와 카립디스' 장에 등장한다.

장님 소년 *A Blind Stripling* 어려서 장님이 된 소년. '레스트리고니언스' 장에서 블룸이 길 건너는 것을 도와준다. 블룸의 자비심은 이처럼 행동으로 드러난다. 나중에 '세이렌' 장에서 장님 피아노 조율사로 나타나고, '배회하는 바위들' 장에서는 램포스트 파렐과 부딪힌다.

레오폴드 블룸 *Leopold Bloom* 조이스의 20세기 오디세우스-율리시스 형상. 프리먼스 저널의 광고외판원이고 몰리의 남편이다.

마커스 J. 블룸 *Marcus J. Bloom* '배회하는 바위들' 장에서 언급된 치과의사. 주인공 레오폴드 블룸과는 아무런 관련이 없으며, 그의 이름은 10장에 나타나는 여러 '함정들' 중 하나다.

밀리 블룸 *Milly Bloom* 블룸의 딸로 현재 열다섯 살이다. 어머니 몰리처럼 매력적이고 역시 약간 통통한 몸매를 지녔다. 어머니는 6월 16일에 보일런에게 '더렵혀'진다. 그러나 밀리는 배넌과 만나면서도 처녀성은 잃지 않았다. 한편, 어머니는 교만한 딸에게 종종 예의를 지키라고 주의를 주어야 했다. 블룸은 딸 밀리에 관해 여러 가지를 회상하는데, 거기에는 세월의 흐름에 대한 그의 강박관념이 잘 나타난다. 어머니가 지브롤터에서 멀비 중위와 첫사랑을 경험한 때와 거의 같은 시기에 첫사랑을 경험하고 있다.

몰리 블룸 *Molly Bloom* 조이스의 대지의 여신. 제프리 초서의 〈캔터베리 이야기 *The Canterbury Tales*〉에 등장하는 바스의 여장부와 비슷하다. 작품에 자주 등장하지는 않지만, 그 존재감은 전체에서 느껴진다.

루돌프 블룸 *Rudolph Bloom* 블룸의 아버지로, 원래 이름은 비랙. 루돌프 비랙은 1807년에서 1816년 사이에 태어나 1866년에 세상을 떠났다. 블룸은 아버지의 기일(忌日)을 추모하기 위해 에니스로 갈 계획이기 때문에, 다가오는 벨파스트로의 연주회 여행 동안 보일런과 몰리가 함께 있는 것을 막지 못할 것 같다. 블룸의 아버지 루돌프는 아내가 죽자 낙담한 나머지 약을 먹고 자살했다.

루디 블룸 *Rudy Bloom*　블룸의 아들. 1893년 12월 3일에 태어나 1894년 1월 9일에 죽었다. 블룸과 몰리는 루디의 죽음 이후로 원만한 부부생활을 못했기 때문에 이 아이는 비랙-블룸 가계의 마지막 남자였던 셈이다. '키르케' 장의 끝에서 만약 죽지 않았다면 그만큼 성장했을 나이로 블룸의 환영 속에 나타난다.

세뇨르 A. 부뎅 *Senor A. Boudin*　으스대는 선원 머피의 진짜 이름일 것이다. '에우마이우스' 장에 등장한다.

블레이지즈 보일런 *Blazes Boylan*　가수이자 프로권투선수 매니저로 '포스터를 붙이는 자'. 1904년 6월 16일 오후 4시가 조금 넘은 시간에 몰리와 정사를 벌인다.

데니스 브린 *Dennis Breen*　조시 브린의 남편으로 반쯤 미친 괴짜. 'U.P.: up'이라고 쓰인 우편엽서를 받고 몹시 기분이 언짢아진 그는 숨어서 사람들을 놀리는 이 작자를 고소하고자 변호사 멘턴을 찾는 데 많은 시간을 허비한다. '키클롭스' 장에서 바니 키어넌 주점 앞을 지나갈 때 사람들에게 조롱 당한다.

데이비 번 *Davy Byrne*　'레스트리고니언스' 장에서 '점잖은' 술집을 운영한다. 버튼 호텔에서 돼지처럼 먹는 식객들이 마음에 들지 않은 블룸은 그곳을 나와 간단히 버건디 한 잔과 치즈샌드위치를 먹으러 데이비 번의 술집으로 간다. 그곳에 있던 번과 노지 플린은 블룸을 신중하고 조용한 사람이라고 생각한다.

시씨 카프리 *Cissy Caffrey*　'나우시카' 장에서 거티 맥도웰의 친구로 나온다. 거티를 부추겨 블룸을 '유혹'하게 만든다.

해리 카아 일병 *Private Harry Carr* '키르케' 장의 시작 부분에서 스티븐을 모욕하고, 15장 후반부에서 스티븐이 왕을 위협하고 있다고 생각해 때려눕힌다. 콤턴 일병과 동료.

시민 *The Citizen* 건장한 체격의 열렬한 국수주의적 반유대주의자. 오직 하나의 눈으로만 현실을 볼 수 있으며, 조이스가 말하는 현대판 키클롭스이다. '키클롭스' 장 끝에서 블룸이 '마차'를 타고 도망치며 '하늘'로 올라갈 때 비스킷 통을 던진다. 마이클 ('시티즌') 쿠색(1847-1907)을 모델로 한 인물. 열렬한 민족주의자 마이클 쿠색의 삶의 목표는 아일랜드에 게일족의 스포츠를 부활시키는 것이었다.

마사 클리퍼드 *Martha Clifford* 블룸의 펜팔 상대로 정신적 애인. 블룸은 헨리 플라워란 가명으로 그녀와 편지를 주고받는다. 블룸이 낸 "문예 저작을 하는 신사를 도와줄 멋진 숙녀 타이피스트를 구함"이란 광고에 반응을 보인 최소 44명의 응답자 중 한 사람. 의심할 여지없이 가짜 이름이기 때문에 〈율리시스〉에서 신비한 사람 중 한 명이다.

클린치 부인 *Mrs. Clinch* 신분이 높은 여성. 블룸은 창녀로 생각하고 말을 걸었다.

코크레인 *Cochrane* '네스토르' 장에 등장하는 주의가 산만한 학생. 디지 교장의 학교에서 스티븐이 수업을 시작할 때 그의 이름을 부른다.

프랜시스 코피 신부 *Father Francis Coffey* '하데스' 장에서 패디 디그넘의 장례식을 집전하고, 글래스네빈 공동묘지에서 그를 위해 참회예절을 수행한다. 지옥, 즉 하데스의 입구를 지키는 신비한 개 케르베로스와 조응한다.

벨라 코헨 *Bella Cohen* 남자들을 돼지로 변화시킨 호머의 키르케와 같은 인물로 설정된 여성. 벨라 코헨은 15장 밤의 도시 에피소드에서 스티븐을 속이려고 한다. 그러나 블룸은 그녀가 매춘으로 돈을 벌어 옥스퍼드 대학교에 다니는 아들의 학자금을 대고 있다는 사실을 폭로하겠다며, 스티븐이 벨라에게 내야 할 돈을 줄여준다. '키르케' 장에서 블룸의 매우 자학적인 '환각' 속에서, 남성인 벨로로 변한다.

존 콘미 신부 *Father John Conmee, S. J.* 클롱고스 우드 칼리지의 교장이었다. 〈젊은 예술가의 초상〉에서 부당하게 매질을 당한 스티븐을 두둔해 준 인물. 〈율리시스〉에서는 '배회하는 바위들' 장에 등장해 클롱고스 시절의 추억에 잠긴다.

존 콜리 *John Corley* 〈더블린 사람들〉의 "두 건달 Two Gallants"에 처음 등장한다. '에우마이우스' 장에서 스티븐과 블룸이 마부의 오두막을 향해 가고 있을 때, 스티븐에게 돈을 달라고 졸라댄다.

밥 카울리 '신부' *"Father" Bob Cowley* 부패한 '신부'. '배회하는 바위들' 장에서 신부의 호칭으로는 묘하게 성(카울리)이 아닌 이름 '밥'으로 불린다. 〈율리시스〉에 나타나는 많은 환영 중 한 명.

크랜리 *Cranly* 〈젊은 예술가의 초상〉 5장에서 스티븐의 가까운 친구로 등장하며, 〈율리시스〉의 벅 멀리건과 비슷한 역할을 한다.

마일리스 크로퍼드 *Myles Crawford* 이브닝 텔레그래프 신문의 편집장. 블룸이 알렉산더 키즈 Keyes와 키즈(Keys) 상회의 광고에 대해 타협했던 사항을 거절한다. 경솔하고 (게다가 술 취한) 그의 태도 때문에 블룸은 6월 16일의 중요한 금전적 수익을 잃게 된다.

크로프턴 *J. T. A. Crofton* 〈더블린 사람들〉의 "위원실의 파넬 기념일 Ivy Day in the Committee Room"에 처음 등장한다. '키클롭스' 장 끝에서 블룸, 마틴 커닝엄, 잭 파워와 함께 커닝엄의 마차를 타고 시민-키클롭스로부터 도망친다.

마틴 커닝엄 *Martin Cunningham* 때때로 인정을 베푸는 인물. 글래스네빈 묘지로 가는 도중에 자살(블룸의 아버지 설명 참조)에 대한 대화가 이어지자, 대화를 딴 방향으로 돌리려고 애쓴다. '키클롭스' 장에서 블룸과 함께 바니 키어넌 술집을 나와 패디 디그넘의 보험 문제를 상의하려고 디그넘의 집으로 간다.

단 도슨 *Dan Dawson* 감상적인 아일랜드 사람. 아일랜드를 감상적으로 졸졸 흐르는 시냇물의 땅으로 다룬 그의 연설은 '아이올루스[아이올로스]' 장에서 심하게 조롱 당한다.

가렛 디지 씨 *Mr. Garrett Deasy* 스티븐이 교사로 있는 돌키 초등학교의 교장. 반유대주의자.로 인색하고, 여성을 적대시하며, 친영파. 호머의 〈오디세이 *Odyssey*〉에서 말 많은 연설가 네스토르와 조응한다.

부디 데덜러스 *Boody Dedalus* 스티븐의 여동생. 매우 가난해 늘 굶주린 나머지 아버지 사이먼을 '하늘에 계시지 않는 우리 아버지'라고 부른다.

딜리 데덜러스 *Dilly Dedalus* 스티븐의 여동생. 비참한 가족을 구하려고 애처롭게 노력하는 와중에도 〈차드널의 초급 불어〉 책을 산다. 블룸은 그녀의 아버지가 술집에서 술을 마시는 동안, 전당포 바깥에 서 있는 그녀를 불쌍하고 굶주린 아이로 생각한다.

매기 데덜러스 *Maggy Dedalus* 스티븐의 또 다른 가난한 여동생. 전당포 주인을 설득해 스티븐의 책들을 맡기려고 하지만 실패한다.

메이(메리) 데덜러스 부인 *Mrs. May(Mary) Dedalus* 스티븐의 어머니. 어머니가 임종하며 기도해 달라는 부탁을 거절한 스티븐의 행위는 〈율리시스〉에서 중요한 죄의식의 원인이 된다. '키르케' 장에서 나타나 아들에게 회개하고 교회로 돌아올 것을 간청하지만 그는 어머니에 대한 반항으로 물푸레나무(지팡이)로 사창가의 샹들리에를 깨뜨린다.

사이먼 데덜러스 *Simon Dedalus* 스티븐의 아버지. 알코올 중독자이며, 멋진 유머 감각, 명쾌하고 비판적인 시각, 훌륭한 노래 솜씨로 가족의 무시에 대처한다.

스티븐 데덜러스 *Stephen Dedalus* 조이스가 만들어낸 똑똑하고 창조적이지만 복잡한 성격의 젊은 영웅. 그의 이야기는 〈젊은 예술가의 초상〉에서 시작한다.

샤를 폴 드 코크 *Charles-Paul de Kock* 프랑스의 소설가(1794-1871)로 중하위 계층을 대상으로 음란한 책들을 썼다. 몰리는 아마도 그가 성적인 성향 때문에 그런 이름을 얻었다고 생각한다.

패디(패트릭) 디그넘 *Paddy(Patrick) Dignam* 젊은 나이에 죽은 남자. 블룸은 그의 죽음을 애도하려고 글래스네빈 묘지('하데스')에 왔고 온종일 검은 옷을 입고 있다. 키르케의 집 지붕에서 떨어져 목이 부러진 오디세우스의 주정뱅이 부하 엘페노르와 일치한다.

마스터 패트릭 디그넘 *Master Patrick Dignam* 디그넘의 아들. 아버지의 죽음에서 느끼는 주요 관심사는 얼마간 학교에 가지 않아도 되고 잠시 유명인이 될 수 있을 것이란 점이다.

매트 딜런 *Mat Dillon* 1887년 블룸과 몰리가 사귀고 있을 때 자기 집을 만남의 장소로 제공했다. 블룸이 공 던지기에서 변호사 멘턴을 이겨 멘턴이 결코 잊지 못할 모욕을 당했던 곳도 바로 그의 집이었다.

딕슨 의사 *Dr. Dixon* 1904년 5월 23일 벌에 쏘인 블룸을 치료했던 의사. 블룸의 옆구리에 난 그때의 흉터는 〈율리시스〉에서 그리스도를 나타내는 하나의 상징이 된다.

모세 들루가쯔 *Moses Dlugacz* 돼지고기 전문 정육점. 이곳에서 블룸은('칼립소' 장) 아침식사 용으로 돼지 콩팥을 산다. 블룸은 이 가게에서 옆집에 사는 우드 부부의 건강하고 쾌활한 하녀에게 추파를 던지지만 그녀가 가게를 떠나자 뒤따라가지 못한다.

루벤 J. 도드 *Reuben J. Dodd* 고리대금업자이자 구두쇠 법률회계사. 글래스네빈 묘지로 가는 도중에 커닝엄, 파워, 사이먼 데덜러스, 블룸 등이 농담의 대상으로 삼는다.

벤 돌라드 *Ben Dollard* 뚱뚱한 가수. '세이렌' 장에서 애국주의적 민요 "까까머리 소년 The Croppy Boy"을 부른다. 몰리는 한때 그의 몸집에 대해 멋진 '통(桶) 음조'의 목소리를 가졌다고 말장난을 했다.

밥 도란 *Bob Doran* 〈더블린 사람들〉의 "하숙집 The Boarding House"에 처음 등장하며, 〈율리시스〉에서는 매년 음주 때문에 대소동을 벌인다. '키클롭스' 장에서 술 취한 후의 못된 기괴한 행동으로 12장 이야기에 기분 나쁜 분위기를 조성한다.

리디아 도우스 *Lydia Douce* 오먼드 호텔의 여종업원. '세이렌' 장에서 조이스가 묘사한 세이렌들 중 한 명. 블룸이 '징글맞은greasy 눈'을 가졌

다는 그녀의 관찰은, 이 단어가 더블린에서는 '은총-가득한grace-y'
으로 발음되기 때문에 블룸이 그리스도와 관련 있는 인물임을 보여준
다. 오먼드 호텔에서 여종업원으로 일하는 다른 세이렌은 마이너 케
네디.

매리 드리스콜 *Mary Driscoll* 블룸 부부의 하녀였던 인물. 몰리는 블룸이 그
녀에게 관심을 보이기 시작하자, 그가 바람을 피울까봐 해고했다.

더들리 백작 *Earl of Dudley(William Humble Ward)* 아일랜드 총독으로 부
임한 영국인. 마이러스 바자 행사를 시작하러 가고 있는 그의 마차행
렬은 '배회하는 바위들' 장의 구조적 장치 중 하나.

케빈 이건 *Kevin Egan* 파리로 망명한 아일랜드의 애국지사. 〈율리시스〉가
시작되기 전에 파리에서 스티븐과 만난다.

존 이글링턴 *John Eglinton(William Kirkpatrick Magee)* 영국계 아일랜드 사
람으로 영향력 있는 수필가. '스킬라와 카립디스' 장에서 스티븐이 셰
익스피어를 주제로 토론할 때 스티븐을 후원한다.

램포스트 파렐 *Lamppost(Cashel Boyle O'Connor Fitzmaurice Tisdall) Farrell*
더블린의 괴짜. 흐트러진 옷차림과 가로등줄 밖을 따라 걷는 습관으
로 유명해졌다. '스킬라와 카립디스' 장에서 셰익스피어에 대한 토론
이 진행될 때 국립도서관의 독서실에 앉아 있다.

제임스(산양껍데기) 피츠해리스 *James(Skin-the-Goat) Fitzharris* 1882년
피닉스 파크 암살사건 직후에 유인 차량을 몰았다. '에우마이우스[에
우마이오스]' 장에서 블룸과 스티븐이 함께 가는 마부의 오두막을 운
영하는 것으로 알려졌다. (그러나 아마도 아닐 것이다.)

'헨리 플라워' *"Henry Flower"* 블룸이 마사 클리퍼드와 편지를 주고받을 때 사용하는 가명.

노지 플린 *Nosey Flynn* 〈더블린 사람들〉의 "짝패들 Counterparts"에 처음 등장한다. 데이비 번 주점의 단골손님으로, '레스트리고니언스' 장에서 블룸을 칭찬한다.

이그너티우스 갤러허 *Ignatius Gallaher* 〈더블린 사람들〉의 "작은 구름 A Little Cloud"에 처음 등장하는 뛰어난 기자. '아이올루스' 장의 신문사 토론에 참여했다. (조이스의 암시에 의하면) 아일랜드 극단주의자 단체에 침투해, 신문에 피닉스 파크 암살사건을 폭로했다.

스탠리 G. 가드너 중위 *Lieutenant Stanley G. Gardner* 몰리의 애인. '페넬로페' 장에서 언급되며, 몰리가 결혼생활 동안 (블룸과 보일런을 제외하고) 성관계를 가진 유일한 사람일 것으로 추측된다. 만약 그 행위가 있었다면 1899년과 1901년 사이일 것이다. 보어 전쟁 때 남아프리카에서 열병으로 죽었다.

개리오웬 *Garryowen* '키클롭스' 장의 바니 키어넌 주점에서 블룸을 위협하는 큰 개. 거티 맥도웰의 외할아버지 길트랩의 소유.

리치 고울딩 외삼촌 *Uncle Richie Goulding* 스티븐의 외삼촌. 스티븐은 '프로테우스' 장에서 그의 집 방문을 고려하지만, 사이먼 데덜러스는 처남이 술로 망했기 때문에 극도로 싫어한다. '세이렌' 장의 오먼드 주점에서 (또 다른 외톨이) 블룸과 함께 음식을 먹을 때도 애처로운 모습으로 나타난다.

헤인즈 *Haines* 반유대주의자로 옥스퍼드 대학 출신의 영국인이다. 헤인즈

는 마텔로 탑에서 멀리건, 스티븐과 함께 방을 쓰면서 선심 쓰는 체한
다. 아일랜드 민속을 연구하려고 아일랜드에 온 헤인즈는, 아일랜드
사람의 모든 고통은 영국인의 학대 때문이 아니라 '역사' 탓일 뿐이라
고 주장한다.

찰스 위즈덤 헬리 *Charles Wisdom Hely* 더블린에서 문방구와 인쇄업을 겸
업한다. 블룸이 한때 그의 밑에서 일했다. '레스트리고니언스' 장에
주홍색 문자들이 새겨진 춤 높은 하얀 모자를 쓰고 여기저기 걸어 다
니며 그의 사업을 광고하는 남자들이 등장한다.

엘런 히긴스 *Ellen Higgins* 블룸의 어머니. 1865년 무렵에 루돌프 블룸과
결혼했다.

조이 히긴스 *Zoe Higgins* '키르케' 장에 나오는 창녀. 블룸의 부적인 감자를
빼앗아간다. 이 감자는 마법의 풀(오디세우스가 키르케에 의해 돼지
로 변하는 것을 막아준 식물)과 병치된다.

앤드류 J. 혼 박사 *Dr. Andrew J. Horne* 더블린의 산부인과 병원 원장 중
한 명. '태양신의 황소들' 장을 위해 설정된 인물.

조 하인즈 *Joe Hynes* 〈더블린 사람들〉의 "위원실의 파넬 기념일"에 처음 등
장한다. 프리먼스 저널 지와 이브닝 텔레그래프 신문과 모호하게 연
관되어 있다. 패디 디그넘의 장례식 기사에 잘못된 정보 몇 가지를 우
연히 포함시킨다. 하인즈는 블룸에게 돈을 빚지고 있으면서도(블룸은
그에게 세 번 갚으라고 함), '키클롭스' 장에서 자신과 다른 사람들을
위해 술을 산다.

조지나 존슨 *Georgina Johnson* 성직자의 딸이지만 창녀로 살아간다. 스티

븐은 조지 러셀에게 빌린 1파운드를 그녀와 자는 데 써버린다. 그는 러셀에게 돈을 빌린 후, 러셀(A. E.)의 이름을 언급할 때 밉살스러운 말장난(A. E. I. O. U.)을 한다.

캐슬린 키어니 *Kathleen Kearney* 여가수로 〈더블린 사람들〉의 "어머니 A Mother"에 처음 등장한다. 힐리는 한창 인기 있는 그녀를 질투한다.

코니 켈러허 *Corny Kelleher* 교활한 장의업자. 직업 때문에 그가 지하세계와 관련 있다는 소문이 있다. '배회하는 바위들' 장에서, 타인에게 불친절한 그는 '마른 풀잎의 즙을 소리 없이' 뱉어낸다. 그리고 '키르케' 장에서 군인 카아가 스티븐을 때려눕힌 광경을 본 후, 스티븐을 집으로 데려가는 것을 거절한다.

알렉산더 키즈 *Alexander Keyes* 더블린에서 차(茶)를 판매하는 상인. 프리먼스 저널에 광고를 싣는 문제로 블룸과 협상한다. 블룸에게 자신의 기존광고에 주의를 끌 만한 간단한 '칭찬' 기사를 써주면 광고의 계약 조건을 2개월로 늘려주겠다고 제의하지만, 편집장 마일리스 크로퍼드는 3개월로 해야 한다고 고집한다. 블룸은 그 중간에서 어찌할 줄을 모른다.

바니 키어넌 *Barney Kiernan* 키어넌 주점의 사장. '키클롭스' 장은 그의 주점에서 5시 직전에 시작한다.

'킨치' *"Kinch"* 스티븐의 별명. 이 단어의 발음은 스티븐이 아리스토텔레스 학파의 논리를 날카롭게 언급한 것처럼, 칼로 자를 때 나는 소리로 추정된다.

네드 램버트 *Ned Lambert* '아이올루스' 장에서 프리먼스 저널 사무실의 토론자 중 한 명이다. 사이먼 데덜러스와 함께 오벌 주점에서 한잔하려고 다른 사람들로부터 떠난다.

루니타 라레도 *Lunita Laredo*   몰리의 어머니. 브라이언 쿠퍼 트위디 소령과 결혼했다. 스페인계 유대인이며 아마도 약간 '속도위반을 한 것 같다'. 〈율리시스〉에 루니타와 트위디가 진짜로 결혼하지 않았다는 암시가 있는데, 그렇다면 몰리는 사생아일 가능성이 농후하다. (이 작품에서 분명하게 드러나지 않은 또 하나의 모호함이다.)

레너헌 *T. Lenehan*   〈더블린 사람들〉의 "두 건달"에 처음 등장한다. 프리먼스 저널 사무실에서 블룸과 부딪혔을 때 지나치게 공손한 태도로 사과한다. 블룸이 아스콧 골드 컵 경마에서 스로어웨이란 말에 돈을 건다는 소문을 퍼뜨리는 데 일조한다. 한때 몰리와 도를 넘는 행동을 했다고 자랑하다가 매코이에게 '면박'당한다.('배회하는 바위들' 장에서)

빈센트 린치 *Vincent Lynch*   스티븐의 친구. '키르케' 장에서 스티븐은 그를 밤의 도시로 데리고 갔다가 얼마 후 사창가에 내버려두고, 블룸을 따라 그의 집으로 간다. 〈율리시스〉에서 예수를 팔아먹은 유다와 같은 인물.

밴텀 라이언스 *Bantam Lyons*   〈더블린 사람들〉의 "위원실의 파넬 기념일"에 처음 등장한다. ('로터스 이터스' 장에서) 블룸이 그에게 프리먼스 저널 신문지를 버릴 테니(throw away) 가지라고 한 말을 오해하고, 블룸이 스로어웨이라는 말에 돈을 걸었다는 잘못된 정보를 계속 퍼뜨린다. '레스트리고니언스' 장에서 경마에 관해, 데이비 번과 노지 플린, 나중에는 레너헌에게 거짓 조언을 한다.

토머스 윌리엄 리스터 *Thomas William Lyster* '퀘이커교도 도서관장'. '스 킬라와 카립디스' 장의 국립도서관에 등장해, 스티븐 및 다른 사람들 과 함께 미학을 중점적으로 토론한다.

플로렌스 매케이브 *Florence MacCabe* '프로테우스' 장의 해변에서 스티븐 이 본 노파. 스티븐이 말한 자두의 우화에 등장하는 노파가 아마 그녀 일 것이다. 스티븐은 양쪽 모두를 이 이름으로 부른다.

거티 맥도웰 *Gerty MacDowell* 조이스의 나우시카로, 예쁘게 차려입은 처녀. 13장에서 허벅지 위쪽과 속옷을 드러내며 유혹하자 블룸은 그녀를 보 며 자위한다.

휴 맥휴 교수 *Professor Hugh MacHugh* '아이올루스' 장에서 신문사에 있던 주요 인물 중 한 사람. 영국의 아일랜드 속박에 대한 주제를 강조한다.

매킨토시를 입은 남자 *Man in the Macintosh* 비옷을 입고 디그넘의 장례식 에 나타난 의문의 인물. '하데스' 장에서 블룸의 언급을 잘못 알아들 은 하인즈가 그를 텔레그래프 기사에 매인토시란 이름으로 싣는다.

마스티안스키 부인 *Mrs. Mastiansky* 몰리의 친구. '페넬로페' 장에서 몰리 는 마스티안스기 씨의 비전산적인 성적 취향들을 언급한다.

매코이 *C. P. M'coy* 여행용 손가방을 여러 개 빌린 다음 저당 잡히는 이상한 습관을 지닌 더블린 사람. 디그넘의 장례식에 나타나지 않았지만 하 인즈가 쓴 신문 기사에는 참석한 것으로 보도된다.

존 헨리 멘턴 *John Henry Menton* '하데스' 장에서 블룸이 그의 모자가 구 겨졌다고 지적하자 약이 오른 변호사. 한때 몰리에게 구애하던 블룸과는 경쟁 관계였다. 이런 상황에서 블룸은 1887년에 매트 딜런의 집에서 했던 공치기 시합에서 그를 눌렀다.

조지 로버트 메시어스 *George Robert Mesias* 블룸의 양복 재단사. 이전에 블룸의 고환이 모두 오른쪽에 있어서 옷을 맞추기 어려웠다고 말했다. 한편, 블룸은 1903년 9월 메시어스의 가게에서 보일런을 알게 됐다.

조지 무어 *George Moore* 유명한 아일랜드의 소설가. 멀리건과 헤인즈조차 무어의 집에서 열리는 문학토론에 참석해 달라는 요청을 받았다. 그러나 '스킬라와 카립디스' 장에서 알 수 있듯, 스티븐은 무어가 주최하는 6월 16일 저녁의 문학토론에 초대받지 못했다.

벅 멀리건 *Buck Mulligan* 스티븐의 복합적 분신. 위트 있고 냉소적이며, 신성을 모독하지만 용감한 청년. 〈율리시스〉에서 스티븐을 여러 번 '지분거린다'. 결국 스티븐이 사창가로 떠나기 전, 그들은 심하게 싸운다. 〈율리시스〉의 끝에서 헤인즈와 함께 마텔로 탑으로 돌아오지만, 돌아갈 집이 없는 스티븐은 자신의 위치가 더블린의 의대생인 멀리건에게 회복 불가능하게 찬탈 당했음을 알게 된다.

해리 멀비 중위 *Lieutenant Harry Mulvey* 몰리가 지브롤터에서 열다섯 살 때 만났던 첫사랑. '페넬로페' 장에서 몰리는 그녀의 손수건에 자위했던 그의 행동을 기억해내고 근황을 궁금해 한다.

머피 *W. B. Murphy* '에우마이우스' 장에서 마부의 오두막에 나타나는 선원. 빨간 턱수염을 기른 주정뱅이로 조이스의 귀환하는 방랑자의 체현(體現)이다. '프로테우스' 장의 끝에서 스티븐이 보았던 돛대가 3개인 배 로즈빈 출신의 선원이 분명하다.

조셉 패트릭 나네티 *Joseph Patrick Nannetti* 프리먼스 저널의 감독관. 블룸이 말하는 키즈 상회의 광고에 대한 문제점들을 절반쯤 듣다가, 아무 것도 결정하지 않고 하원에 가려고 더블린을 떠난다.

오몰로이 *J. J. O'Molloy* '아이올루스' 장에서 신문사에 모인 친구들 중 한 명. 신문사에서 (우연히) 블룸과 부딪힌다. 신문사에는 블룸의 방이 없다.

찰스 스튜어트 파넬 *Charles Stewart Parnell* 〈젊은 예술가의 초상〉과 〈율리시스〉에 대단한 영향을 끼친 아일랜드 민족주의자. 정부 키티 오세이의 이혼재판에서 그녀와의 관계가 상세하게 드러났기 때문에 1890년부터 몰락하기 시작해 방랑하다가 1891년에 죽었다. '에우마이우스' 장에서 그를 둘러싼 신화들이 두드러지게 논의된다.

웨이터 패트 *Pat the Waiter* 오먼드 주점의 웨이터. '세이렌' 장에서 '당신이 기다리는 동안 기다리며 시중을 드는 웨이터'로 묘사된다. 이런 관점에서 볼 때, 블룸 역시 보일런과 몰리의 간통이 시작되기를 '기다리는' 입장이다.

잭 파워 *Jack Power* 디그넘의 장례식에 참석하는 커닝엄의 친구. 디그넘의 장례식으로 가는 도중, 마틴 커닝엄은 부친이 자살한 블룸을 위로하려고 애쓴다. 그러나 블룸은 자살에 대한 파워의 무지한 견해가 당혹스러울 뿐이다. 나중에 블룸은 바니 키어넌 주점('키클롭스' 장)에서 커닝엄, 파워, 크로프턴을 만난다.

마이너 퓨어포이 *Mina Purefoy* 혼 박사 병원에 입원한 산모. '순수한 믿음'을 지닌 부인은 사흘 동안 산고를 겪고 있다. 그녀의 아들은 마침내 '태양신의 황소들' 장에서 태어난다. 남편의 이름은 ('신이 부여한'이란 뜻을 지닌) 시어도어이다.

'단티' 리오던 부인 *Mrs. "Dante" Riordan* 〈젊은 예술가의 초상〉에서 스티븐의 가정교사였고, 블룸 부부의 친척이다. 몰리는 '페넬로페' 장에서 리오던 부인이 유산을 남겨주지 않았기 때문에 못마땅해 한다.

해리 럼볼드 *Harry Rumbold* 이발사이면서 교수형을 집행하기도 한다. '키클롭스' 장에서 그의 사형집행인 지위 신청서가 자세히 논의된다.

조지 러셀 *George Russell(A. E.)* 접신론자이자 저술가. '스킬라와 카립디스' 장에서 셰익스피어를 중심으로 토론할 때 사물의 본질과 궁극적인 형태를 강조하며, '아리스토텔레스'(스티븐)와 대조되는 '플라톤' 역할을 한다. '레스트리고니언스' 장에서 블룸은 그를 여비서 리찌 트위그를 자전거에 태우고 다니는 사람으로 간주한다. 블룸은 마사 클리퍼드를 선호해서 그녀에게 타이피스트로 일할 기회를 주지 않았다.

시릴 사전트 *Cyril Sargent* 디지 교장의 돌키 초등학교에 다니는 남학생. 스티븐이 가르치는 학급에서 공부하는데 가엾은 표정을 짓는다. (어리석은 언행 때문에) 스티븐으로 하여금 클롱고스의 학창시절을 떠올리게 한다.

셉터 *Sceptre* 보일런이 골드 컵 경주에서 돈을 걸었던 경주마. 그러나 우승하지 못했기 때문에 보일런은 돈을 잃는다.

샨 반 복트 *The Shan Van Vocht* 짓밟힌 아일랜드를 의인화한 가난한 노파. 그러나 아일랜드가 세계에서 제자리를 찾으면 아름다운 젊은 여왕이 될 것이다. 조이스는 이와 같은 신화적 산물에 대한 풍자를 '텔레마코스' 장에서 마텔로 탑으로 우유를 배달하는 노파로 구체화하고 있다.

스위니 *F. W. Sweny* 블룸이 레몬 비누 하나를 사는 가게의 약제사. 블룸은 이 약제사의 가게로 되돌아가 자신이 산 몰리의 스킨로션을 가져오는 것을 잊어버린다.

탤벗 *Talbot* 디지의 학교에서 스티븐이 수업할 때 그를 속이는 학생.

태터스 *Tatters* '프로테우스' 장에서 스티븐이 해변에서 보는 개. 스티븐은 그 개가 해변에 묻었던 그(개)의 할머니를 파헤치고 있는지 궁금해 한다. 태터스는 〈율리시스〉에서 '신-개'의 주제를 전형화한다.

존 테일러 *John F. Taylor* 더블린의 유명한 웅변가. 1901년 10월 24일에 있었던 게일어 부활을 찬성하는 그의 연설은 '아이올루스' 장에서 칭찬받는다.

스로어웨이 *Throwaway* 1904년 골드 컵 경주에서 우승한 검은 말. 보일런이 선택한 셉터를 물리친다. 블룸은 스로어웨이처럼 몰리에 의해 '버려져'왔으나 조만간 보일런에게 승리하여 끝장낼지도 모른다. '키클롭스' 장에서 보일런에게 고통을 준 그 경마에서, 블룸이 돈을 땄다는 소문은 잘못된 것이다. 그 소문 때문에 바니 키어넌 주점에 있던 사람들은 블룸이 돈을 땄는데도 왜 축하 턱으로 술을 사주지 않는지 의아해 한다.

브라이언 쿠퍼 트위디 소령 *Major Brian Cooper Tweedy* 술이 세고 파이프 담배를 피우는 몰리의 아버지. 몰리가 태어날 때 지브롤터에 배치되었다. 그가 특무상사가 아니라 정말로 소령이었는지, 그리고 루니타 라레도의 계보를 보면 정말로 몰리의 아버지인지가 〈율리시스〉에서 두 번째 미스터리이다.

리찌 트위그 *Lizzie Twigg* 블룸이 신문에 낸 직원모집 광고를 보고 타이피스트 직에 지원한 여성. 블룸은 그녀가 너무 예술가인 체한다고 생각하여 거절한다. 실제로 시인이며 조지 러셀의 동료였다.

비랙 *Virag* 블룸의 아버지, 할아버지, 증조부의 이름. 블룸의 아버지는 이름을 '비랙'에서 '블룸'으로 바꿨다. 블룸은 헝가리어로 '꽃'을 의미한다.

레기 와일리 *Reggie Wylie* 거티 맥도웰의 남자친구. 그녀는 와일리와 말다툼을 했기 때문에 '나우시카' 장에서 블룸을 더 열정적으로 '유혹'했을 것이다.

Chapter 별
정리
노트

Chapter 1

텔레마코스

　　때는 1904년 6월 16일 아침 8시쯤. 장소는 더블린에서 남쪽으로 7마일 정도 떨어진 샌디코브이다. 더블린 만을 따라 펼쳐진 해안선상에 마텔로 탑이 있고, 그 탑의 계단참에서 막 잠을 깬 스티븐 데덜러스가 등장한다. 그는 (정부에서 임대 받은) 탑에서 벅 멀리건이란 더블린 의대생, 민담을 연구하느라 아일랜드를 찾은 헤인즈란 옥스퍼드 대학생과 함께 살고 있다. 스티븐은 막 탑을 떠날 참이고, 작가는 그를 호머의 작품에 나오는 그리스 영웅 오디세우스(율리시스)의 아들 텔레마코스의 출발에 빗대어 그려낸다. 정확히 들어맞지는 않지만, 〈율리시스〉는 그리스 작품 〈오디세이〉와 조응 관계를 지니고 전개된다. 이런 관계를 통해 조이스는 〈율리시스〉에서 영웅을 흉내 내면서 조롱하는 목적을 달성하고 있다. 〈오디세이〉의 텔레마코스가 이타카를 떠나기로 결심하는 것은, 헤어진 지 오래된 아버지(율리시스)를 찾아 함께 귀향해서 그동안 페넬로페에게 구애를 하고 왕국을 어지럽힌 구혼자들을 몰아내려는 의도다. '텔레마코스' 장에서 스티븐 데덜러스는 헤인즈와 멀리건에게 점령당한 탑에서 나갈 때가 되었다고 느낀다. 이 장에서 마지막 단어로 나타나듯, 스티븐은 멀리건을 '찬탈자'로 여긴다.

조이스의 〈율리시스〉와 호머의 〈오디세이〉 사이에는 몇 가지 큰 차이점이 있다. 아무리 육체적·정신적으로 아버지 같은 존재를 그리워하고, 자진해서 멀리건에게 탑의 열쇠를 맡겼다고 해도 스티븐이 마텔로 탑을 떠나는 목적은 텔레마코스만큼 확실하지 않다. 이 장의 끝에서 그는 샌디코브를 떠나며 다시 탑으로 돌아오지 않겠다고 결심하지만 그날 밤

웨스트랜드 로 역에서 주먹이 오갈 정도로 멀리건과 싸우다시피 하면서 자기주장을 내세운 직후에 돌아가려 해도 돌아갈 수 없는 처지임을 깨닫는다. 멀리건이 혼자 가버리자 자정에 사창가에 들어선 그는 블룸을 따라다니는 신세가 된다. 이 장은 멀리건과 스티븐 사이의 대조적인 모습을 축으로 전개된다. 두 사람은 냉소주의자와 이상주의자, 의학도와 예술가, 강건하고 외향적인 인물과 사색적이고 내성적인 인물로 대비된다. 그러나 스티븐은 두 가지 다른 사고방식 사이에서 솜씨 좋게 줄타기를 하면서, 자기의심, 자아성찰, 불행을 겪으며 미로를 헤쳐 나간다. 예컨대, 전통적인 가톨릭을 신봉하지 않는 스티븐은 멀리건에게 여러 모로 끌리면서도 그의 불경스러운 사고방식은 그냥 넘어가지 못한다.

〈율리시스〉의 첫머리에서부터 멀리건은 스티븐을 곱게 다루지 않는다. 그는 스티븐에게 '거칠게' 말하고, 스티븐이란 그리스풍 이름을 놀림감으로 만들고, (작품 시작 당시 1년 전에 돌아가신) 어머니의 머리맡에서 임종기도를 거부한 기억을 자꾸 일깨운다. 이렇게 멀리건은 스티븐의 죄의식을 증폭시켜 작품 내내 그를 괴롭힌다. 게다가 양심의 가책도 없이 스티븐의 돈을 빼앗는다. 멀리건은 (자신보다 못하다고 생각하는) 우유 배달 할멈을 놀리면서, 아일랜드 사람들이 몸에 좋은 우유를 규칙적으로 마셨더라면 (스티븐은 충치가 있는데) 충치가 생기지 않았을 것이라고 한다. 그에 비해 멀리건은 끝에 금을 입힌 순백색 치아를 갖고 있으며, 스티븐이 이를 자주 닦지 않는다고 잔소리를 하고, 자기는 차가운 물에 들어가기를 좋아하며 물에 빠져 죽어가는 사람을 구한 적도 있다고 자랑한다. (비유적으로 보면, 스티븐은 어머니조차 '물에 빠져 죽어갈 때' 구해내지 못했다.) 멀리건은 스티븐이 헤인즈 앞에서 돈 이야기로 화를 냈다고 불만을 토로하지만 실상은, 멀리건 역시 그 지긋지긋한 영국인을 싫어하고, 우유 배달 할멈에게 우유 값도 지불하지 못하는 신세다.

눈앞의 일밖에 생각하지 못하는 멀리건은 스티븐의 월급날 술집 쉽에서 만나 술이나 얻어먹을 궁리를 하지만 스티븐은 어머니의 죽음에 대한 상념에 사로잡혀 과거에 빠져 있다. 스티븐은 '키르케' 장의 사창가에서 상징적인 샹들리에 갓을 부순 다음에야 과거의 그늘에서 벗어나기 위한 작고 조심스러운 발걸음을 떼기 시작한다. 메리 데덜러스의 세세한 임종 장면은 스티븐의 꿈과 실생활에서 자꾸 나타나는데 끔찍하고 처절한 모습이다. 이런 모습은 어머니의 임종 때 스티븐이 윌리엄 버틀러 예이츠의 "누가 퍼거스와 함께 가는가?"를 노래했던 미묘한 분위기와 대비되며, 더블린식으로 개작한 "악한 터코"라는 무언극을 어머니가 오래 전에 얼마나 좋아했는지를 반증하기도 한다.

조이스는 스티븐의 마음속 움직임을 강조하기 위해 '키르케' 장에 가서야 독자들이 알아채는 한 가지 일화의 복선을 세심하게 준비한다. 6월 15일, 안경이 깨진 스티븐은 6월 16일에는 맨눈으로만 보기 때문에 전보다 잘 보이지 않는다. 외향적인 멀리건과는 달리, 몽상을 좇으며 실제로 '장님 예언자' 역할을 하는 스티븐의 모습은 작가의 이전 작품에 등장하는 스티븐의 예에서도 뒷받침된다. 〈젊은 예술가의 초상〉에서 스티븐은 클롱고스 우드 칼리지 시절, 사고로 안경을 깨뜨려 과제를 하지 못했다가 부당하게 체벌을 받은 적이 있다. 그는 안경이 없으면 거의 장님에 가까운 지독한 근시로 그 덕에 내면의 시야가 넓어져 전통적인 가톨릭에서 벗어나 세상을 바라볼 수 있게 된다.

그러나 스티븐과 멀리건의 대조적인 면모를 확실하게 파악하고 아침식사 전후와 식사중에 멀리건이 스티븐을 얕잡아보는 태도를 제대로 이해하려면 먼저 가톨릭이란 종교, 조이스의 개인적인 성장 배경, (스티븐이 깨어나려고 몸부림치는 악몽인) 아일랜드 역사에 관해 살펴보아야 한다.

이 작업을 위해 독자는 〈율리시스〉 전반에 걸쳐 발전하는 몇 가지 모티프에 주목해야 한다. 그 중에서도 몇몇 종교적 상징은 더욱 중요하다. 잃어버린 (그리고 또한 가짜인) 아버지란 주제, 열쇠 이미지, 우유 배달 할멈의 방문에서 보인 말라붙은 황무지에 비유되는 아일랜드의 이미지 등이다. 주제와 관련된 이런 소재들은 서로 합쳐져서 나타나기 일쑤인데, 〈율리시스〉가 수많은 상징과 반복되는 여러 이미지를 타고 울려 퍼지는 교향악 같다는 점을 잊지 말아야 한다.

작품에서 종교적 상징은 찾기 쉽고 분명하게 드러나 있다. 예를 들면, 멀리건은 가짜 신부 역할을 한다. 면도 그릇은 성배요, 계단 꼭대기에서 멀리건이 외치는 "나는 주님의 제단으로 간다"는 뜻의 "Introibo ad altare Dei"라는 미사 전례문은 (조이스 당대의 미사 의식대로) 가톨릭 미사성제 전통에서 미사 시작 때에 제단을 몇 걸음 오르면서 사용한 문구다. 이 장면에서 조이스는 유대풍의 말라카이에게 대사제 역할을 맡김으로써, 은유적으로 멀리건이 스티븐의 지위를 복사*로 강등시키는 데 일조한다. 이어서 나오는 단어 '그리스도의' 역시 성찬식의 분위기를 짙게 풍긴다.

멀리건을 둘러싸고 이어지는 종교적인 이미지를 보면, 불경스러운 자유분방한 의학도조차 그가 받은 신학적 교육을 떨쳐버리지 못한다는 것을 알 수 있다. 이를테면, 멀리건이 수영하는 40길 '헤엄터' 옆에 나오는 가톨릭 신부의 존재는 신부가 아일랜드 도처에서 흔히 발견된다는 점을 드러냄과 아울러, 벅(멀리건)이 이교도적인 쾌락의 놀이터에 몸을 담그고 있지만 아일랜드 가톨릭에서 부분적으로 몸을 씻어내는 것에 불과하다는 사실을 암시한다.

그렇지만, 다른 종교적인 암유(暗喩)는 더욱 미묘하다. 멀리건이 어깨 너머로 면도한 얼굴을 보이면서 스티븐에게 말

---

* **복사**(服事): 미사 때 시중드는 아이.

하는 모습은 미사를 집전하는 도중에 신부가 복사와 교중(신도)을 두고 돌아서서 행하는 전례 행위와 닮아 있다. 멀리건은 스티븐을 '불쌍한 아랫것(dogsbody)'이라 부르는데, (여기에서 개가 단어의 일부로 나와) '프로테우스' 장에서 스티븐이 만나게 되는 개의 복선이 된다. (개를 포함한) 이런 호칭은 독자에게 조이스가 애용하는 널리 알려진 말장난, 즉 '신(God)'의 철자를 거꾸로 쓰면 '개(dog)'가 된다는 점을 떠올리게도 한다. 스티븐이 자칭 '종을 섬기는 자'라고 말하는 것도 영국과 로마교회라는 외국의 두 폭군을 섬기는 아일랜드의 처지를 감안해서 풀어보면 스티븐과 아일랜드의 연결고리를 드러내고, '신의 종을 섬기는 자'란 별칭이 붙은 교황의 직위를 연상시키면서, 영웅의 존재를 우습게 만드는 〈율리시스〉의 어조에 일조한다. 그리고 역시 염두에 두어야 할 우유 배달 할멈의 '하느님께 영광'이란 말은 연중(사순 시기는 제외) 즐거운 특정 시기의 미사에 사용되는 대영광송의 첫머리에도 나온다.

종교적인 인유(引喻)는 〈율리시스〉에서 가짜 아버지 이미지를 달고 나온 소재에서도 찾아볼 수 있다. 헤인즈는 검은 표범의 공격으로 시달리는 꿈을 밤새 꾸는데, 성서 외경에 따르면 예수의 아버지가 로마 백부장으로 이름은—〈피네간의 경야〉에도 나오는 전설의 이름—판테루스 또는 (영어 표기로 표범과 철자가 같은) 판다(Panther)였다고 한다. 멀리건은 마치 신부가 미사를 드릴 때 어깨에 두르는 띠처럼 목에다

수건을 '어깨띠 모양으로' 두른 후에 뜬금없이 ("울 엄마는 유대 사람이고, 울 아빠는 한 마리 새라네"라며) 성모 마리아의 처녀 수태를 비꼬는 불경스러운 '예수 조롱 속요'를 암송한다. 이는 오래 전 이단 주장자인 아리우스*와 사벨리우스**가 삼위일체를 두고 성령의 발현이라든지 성삼위(성부, 성자, 성령)의 위계를 문제 삼았던 것과 같은 맥락이다.

　　스티븐은 분명히 멀리건을 멀리하며, 헤인즈를 싫어해서 거리를 두고 지낸다고 비난받는다. 헤인즈는 명문 옥스퍼드를 다녔고, (〈율리시스〉를 자전적으로 읽으면) 조이스는 유니버시티 칼리지에 다녀야 하는 상황이었다. 그때 조이스가 못 가게 되어 아쉬웠던 학교가 바로 더블린의 옥스퍼드에 해당하는 트리니티 칼리지이다. 당시 옥스퍼드와 캠브리지에 맞먹는 대학교가 더블린의 트리니티 칼리지와 조이스가 그 아래급으로 생각한 유니버시티 칼리지였다. 헤인즈는 돈이 있지만, 데덜러스 가족은 궁핍하다. 헤인즈는 영국과 한편이며, 반유대를 내세우는 파시스트의 정치색을 띠고 영국이 아일랜드 역사를 침탈한 사실을 정당화하는 입장이다. 이런 문제들과 더불어 스티븐에게 얄궂은 현실은, 그가 벗어나려는 곳의 세를 내는 사람이 멀리건이 아니라 자기라는 점, 그리고 스스로도

---

* **아리우스**(Arius. 250?-336?): 고대 그리스도교에서 이단시한 아리우스파의 주창자.

** **사벨리우스**(Sabellius. ?-260?): 그리스도교 신학자이자 양태론적 일위설의 주창자. 신의 유일성과 그리스도의 신성을 강조.

어머니의 임종을 불행하게 만든 책임에 시달리고 있다는 점이다. 밤에는 생각을 그칠 수 있으련만 헤인즈가 악몽에 시달리며 내지르는 소리 때문에 잠을 방해받자 멀리건에게 헤인즈와는 함께 지낼 수 없다는 최후통첩을 하기에 이른다.

이 장에는 〈햄릿〉 등 셰익스피어와 관련된 언급이 많이 나온다. 이런 논의는 가짜 아버지의 주제를 강화하는 기능을 하며, '스킬라와 카립디스' 장에서 더욱 상술된다. 이미 '텔레마코스' 장에서 스티븐은 햄릿처럼, 멀리건은 가짜 호레이쇼처럼 등장한다. 상징적으로 마텔로 탑 꼭대기는 엘시노어의 망루에 해당하는 공간적 배경이고, 양쪽 작품에서 햄릿과 스티븐은 그들이 대면하는 비유적 광증의 깊이를 간과하고 있다.

(스티븐 자신은 대체로 씻는 것과 물을 싫어한다.) 멀리건이 면도를 마치고 아침식사를 하고 우유 배달 할멈이 왔다 간 후에 세 청년(멀리건, 헤인즈, 스티븐)은 마텔로 탑의 밖으로 나간다. 멀리건은 물로 뛰어들고, 헤인즈는 그 모습을 보면서 바위에 걸터앉고, 스티븐은 ('예언자의' 지팡이를 집어 들고) 오솔길을 따라 산책을 시작한다. 불쾌감과 좌절감을 안고 찬탈자 멀리건에게 탑 열쇠를 내주게 된 스티븐은 상징적으로나 말 그대로나 집 없는 처지에 놓인다. (헤인즈로 대표되는) 영국에 정신적으로 약탈당하고 '찬탈당해 온' 조국처럼 폭군 멀리건에게 당하고 마는 것이다.

작가는 분명히 확실한 지향점도 지도자도 없이 공허한

울림만 남아 있는 아일랜드 가톨릭을 실속 없는 문예부흥 운동의 무가치성과 하나로 보고 있다. 제 나라에 뿌리를 두어 영감을 얻고 소재를 찾는 문화 운동을 무의미하다고 여기는 것. 아일랜드 문예부흥 운동은 이 장에서 우유를 배달하는 쭈그렁 할멈으로 의인화된다. 할멈은 아일랜드 민담에서 끌어들인 인물인데, 아일랜드가 제자리를 찾으면 젊은 미녀 여왕으로 변모한다고 알려져 있다. 민담에서 샨 반 복트란 이름으로 나오는 그녀를 희화한 인물이 이 할멈이다. 이 전설의 여인은 아일랜드 문예부흥 운동의 일환으로 나온 예이츠의 희곡 〈캐슬린 니 훌리한 *Cathleen ni Houlihan*〉에서 1798년 전쟁을 배경으로 젊은 청년에게 영감을 불어넣어 무기를 들고 영국군에 대항하게 하는 인물로 등장해서 문화 운동의 전면에 떠오른 적도 있다.

그러나 조이스 작품 속의 샨 반 복트는 누구에게도 기력을 불어넣지 못한다. 할멈은 기대되는 역할과 달리, 우유를 배달한다고 하지만 그녀에게서는 생명의 젖이 말라붙었고, 배달도 제시간을 지키지 못하며, 주눅 들어 있는 지적인 스티븐보다 목청이 높고 나서길 일삼는 의학도 멀리건을 더 좋아한다. 할멈은 영국 청년 헤인즈가 자기도 못하는 게일어를 할 줄 알아도 별로 부끄럽게 생각하지 않고, 많이 못 배운 것을 부끄러워하면서도 아일랜드 말이 '위대한 언어'라고 목소리를 높이는 사람들의 평가를 그대로 받아들인다. 조이스는 우유 할멈을 '독버섯 위의 마녀'로 묘사함으로써, 예이츠나 그레고리 부인 같은 작가들이 아일랜드 서부인들의 오두막집을 다니며 민담을 채록하는 발굴 작업을 통렬히 비판한다. 유럽에서 예술적 영감의 원천을 구했던 그는 민속에 의존하는 것을 노쇠한 정신의 산물이며 내실 없는 몸짓이자, 현재를 회피하고 과거를 조작하는 무책임한 도피로 생각했다. 이러한 도피주의 성향은 현재를 기계적으로 수용하고 일상에 젖은 또 한 명의 희생자 메리 데덜러스에게서도 볼 수 있다는 점에서 쭈그렁 할멈과 어머니를 비슷하다고 본다.

어떤 의미에서 '텔레마코스' 장은 "누가 아일랜드 미래의 열쇠를 쥐고 있느냐"는 질문을 던지고 있다. 이 장의 말미에서 마텔로 탑의 큰 열쇠를 쥐고 있으며 그것으로 옷을 펴는 멀리건인가? 소설 전반에 걸쳐 키즈 상회에서 광고를 따내려고 애쓰며, 6월 16일 아침에 에클레스 가 7번지의 자기 집 열쇠를 갖고 나오지 않아 '이타카' 장에 나타나듯 (호머의 오디세우스 장군처럼) 집에 들어가는 다른 방법을 모색하고 있는 블룸인가? 〈율리시스〉란 작품을 푸는 열쇠는 어디에서 찾을 것인가? 멀리건의 무모한 육체우선주의, 스티븐의 유아론적 지성, 아니면 수동적인 블룸의 박애주의? 조이스는 딱히 대답으로 해결책을 내놓지는 않지만 가능한 대답을 여러 모습으로 그려내고 암시한다.

Chapter 2

네스토르

2장은 가렛 디지가 교장으로 있는 돌키 시 돌키 가의 학교에서 일어난다. 샌디코브의 마텔로 탑에서 남동쪽으로 약 1마일 거리에 위치하고 있다. 스티븐은 틀림없이 집에서 가까운 거리의 학교에 걸어갔을 테고, 학교에 도착했을 때는 아침 아홉 시가 막 지났을 테니 조금 지각을 했을 것이다. 디지 교장과 이야기를 마친 시간은 열 시 반이 조금 안 되었다. '네스토르' 장은 으레 열 시로 시간적인 배경이 설정되어 있는데, 스티븐이 담당한 역사 수업이 학생들의 하키 연습 시간으로 잘려나갔기 때문이다.

이 장은 스티븐이 공부에 열성 없는 코크레인을 지목하는 데서 시작하는데, 수업중에 (선생님을 놀리면서) 수수께끼나 농담으로만 시간을 때우려는 버릇없는 학생들을 그가 어떻게 보고 있는지를 단적으로 보여준다. 수업 내용은 침탈자에 희생된 그리스 영웅 피루스* 이야기로, 아일랜드의 예언자 이미지의 원형에서 벗어나지 않고 끝까지 과거의 명분에 매달리

---

* **피루스**(Pyrrhus, 318?-272 B.C.): 고대 그리스 에피루스의 왕. 이 장에서 피루스와 선창(piers)의 말장난이 스티븐과 학생들이 이야기를 주고받는 가운데 드러난다. 역자 주.

는 인물이다. 수업을 파한 스티븐은 나머지 시간에 시릴 사전
트라는 뒤처진 학생을 돕는다. 수준 미달이어도 학생의 어머
니는 아들을 감싸 안았을 것을 생각하면서 스티븐은 세상을
떠난 어머니를 떠올린다.

　잠시 후 디지의 서재. 교장은 스티븐에게 훈계조의 얘
기를 하고 나서 급여를 주고 편지 한 장도 건넨다. 거기에는
소의 구제역에 관한 글이 적혀 있다. 알고 지내는 편집자들이

많은 스티븐이고 보면, (진부한 내용을 담은) 그 글이 신문에 기고되도록 힘쓰는 일이 그다지 어렵지 않으리라고 디지는 생각한다.

〈오디세이〉에 맞춰보면, 폴로니우스 유형의 거만한 행정가 디지 씨는 네스토르에 해당한다. 네스토르는(〈일리아드〉에서는) 10년간의 트로이 원정에서 가장 나이든 그리스 군인이자 달변가로서 지혜와 경험을 토대로 빛을 발한 인물로 그려지고, 텔레마코스가 아버지 소식을 알려고 이타카를 떠난 후 방문한 오디세우스 장군의 첫째가는 친구라고 전한다. 이 장에는 네스토르와 디지 사이의 대응관계가 보인다. 네스토르는 트로이 전쟁 때 활약했으나 지루한 군소리 때문에 호머가 자주 풍자한 인물이며, 그에게서 텔레마코스가 가치 있는 정보를 얻지 못했다는 사실이 중요하다. 디지 씨 역시, 병 걸린 소에 보이는 관심에서 엿보이듯 민족을 생각하고 시민으로서의 자긍심으로 무장되어 있으나, 이런 장점은 맹렬한 반유대주의라든지 금전만능적인 생각, 아일랜드 역사에서 차지하는 신교의 역할을 아전인수 격으로 해석하는 등의 문제점에 가려 빛을 잃는다. 아울러, 네스토르는 말을 길들이고 마차를 몰던 유명한 장수였는데, 이 사실은 디지가 방에 간직한 경마 그림에 반영되어 있다. 이 부분의 묘사는 나중에 블룸이 스로어웨이라는 말을 우승마에 대한 귀띔으로 잘못 해석하면서 연루되는 사건의 복선이 된다.

〈오디세이〉 본래의 네스토르 장과 연관시켜 볼 때, 조이스가 〈율리시스〉에 사용한 풍자는 작품의 이해에 도움을 주며 중요한 의미를 지닌다. 조이스 작품의 현대판 네스토르는 전장 대신 하키 필드를 누비면서 질서를 잡고, 부하들 대신 아이들을 거느리고 있다. (작품에 드러난 네스토르와 공통점은) 나이 많은 디지가 때로 스티븐과 (농담조로 말해서) '창 겨루기'를 즐긴다는 것. 이 장의 마지막에는 태양이 디지의 어깨 위로 반짝이며 비추는 장면이 있는데, 여기에서는 퇴역 장수의 반짝이는 무기를 연상할 수 있다.

그러나 이 장은 실제로 역사에 '관한' 것이다. 스티븐은 역사의 악몽에서 깨어나려 하고 있다. 여기에서 '역사'는 국가적이고 군사적일 뿐만 아니라 개인적인 것이기도 하다. 스티븐은 열의 없는 학생들에게 열의 없이 가르치면서 '텔레마코스' 장 당시 머리에서 떠나지 않았던 생각에 머물러 있다. 왜 1년간 그 소름 끼치는 어머니의 죽음 때문에 검은 상복을 입기로 맹세했던 것일까? (수업 분위기가 흐트러지고) 학생들이 귀신 이야기를 해달라고 조르자 그는 즉각 밀턴*이 친구 에드워드 킹의 익사에서 삶의 허무를 체험하고 쓴 애가(哀歌) "리시더스 Lycidas"를 떠올린다. 이 시에 많이 등장하는 물의 이

---

* **밀턴**(John Milton. 1608-74)︰ 영국 시인. 셰익스피어에 버금가는 대시인으로 평가된다. 대표작 〈실낙원 *Paradise Lost*〉.

미지는 조이스 작품 첫 장에서부터 메리 데덜러스의 죽음 하면 나오던 녹색 담즙 이야기는 빠져 있지만 물의 모티프로서 연장선상에 있다.

스티븐의 '개인사'와 엮여 그의 정신세계를 맴도는 것은 세 가지다. (자기가 임종 순간 기도를 거부했음에도) 밀턴식의 구원이 어머니에게도 가능할지 모른다는 희망, (냉소주의적인 어감이 있지만) 파리의 성 제네비어 도서관에서 보냈던(도서관 밖에서 맘대로 지내면서 죄짓고 살아가던 생활에서 보호된 장소이기에) 덜 세속적인 시간에 대한 기억, 그리고 특히 감탕나무 아래 할머니를 묻은 여우 이야기에 관한 수수께끼다. 이 대목에서 '불쌍한 영혼'이 '천국에 가는' 시간은 데덜러스 어머니를 가리킨다. 수수께끼가 지닌 종교적 의미는 다음 장의 장면, 스티븐이 해변에서 태터스란 개를 보고 그 개도 모래를 파고 할머니를 묻고 있는지 의문을 갖는 대목에서 뒷받침된다. 땅을 파기 직전, 태터스는 죽은 개의 부풀어 오른 시체에 코를 대고 쿵쿵거리는데, 죽은 개는 이미 '텔레마코스' 장에서 dogsbody가 등장했듯이, 〈율리시스〉에 나오는 개와 신 사이의 상징과 관련이 있다.

콧물 흘리는 시릴 사전트와 면담하는 스티븐의 모습에서도 어떻게 역사의 악몽인 과거를 강박적으로 되새기고 있는지, 그리고 과거를 생각할 때마다 어머니가 어떻게 기억되는지 알 수 있다. 스티븐은 시릴의 모습에서 시력이 나쁘고 비실

비실하고 오해받고 두려움에 떨고 체벌을 받아들이던 자신의 클롱고스 우드 칼리지 시절을 본다. 그러나 시릴의 어머니가 틀림없이 아들을 사랑했을 것이란 생각이 들자 스티븐은 임종이 가까운 어머니 주변에 차 있던 '자단나무와 젖은 재'의 강한 향이 떠오른다.

스티븐의 문제의식은 그를 갉아먹고, 조이스는 이 젊고 지친 주인공에 관한 주요 세부 묘사를 엄선해 알려줌으로써 암시적인 효과를 노린다. 예를 들면, 스티븐의 수업은 학업 분위기가 잡혀 있지 않고 사기꾼들이 득실댄다. 선생조차 수업을 대충 때우려고 하는데, 실상은 학생들이 부정한 행위를 하거나 말거나 무관심하다. 스티븐은 '다치고 피 흘린' 책(조이스가 스티븐의 전쟁사 책을 부르는 별칭)을 펴서 기원전 279년 아스쿨룸이란 곳에서 피루스가 로마군에게 승리한 사실을 언급하려는데 탤벗은 몰래 보던 책에서 머뭇거리며 "리시더스"의 일부를 읽는다. 탤벗이 '위대한 힘을 통해…'라는 구절을 무심코 반복하자 스티븐이 "다음 장으로 넘어가라"고 빈정거리듯 말하는 것으로 보아 탤벗의 속임수를 알아차리고 있다.

수포로 돌아간 탤벗의 눈속임과 기세등등한 스티븐의 응수를 통해 조이스는 아이들에게 문학 작품을 암기하도록 강요해 훼손시키는 것과 밀턴의 불멸에 대한 선언 중에서 어느 쪽이 더 부조리한지 비꼬는 듯한 질문을 던지는 인상을 준다.

그 답은 이 장의 중심에 스티븐의 그늘진 관점이 자리 잡고 있다는 점을 알아차리면 나온다. 멀리건이라면 (탤벗의 엉덩이를 치면서) 말도 안 되는 질문이라고 웃어넘길지도 모르겠지만 스티븐은 그리스도가 물 위를 걸어간 사실 여부를 궁금해할 것이다. 죄의식과 슬픔에 잠긴 스티븐은 삶을 즐길 줄 모른다. 이를테면, 스티븐은 선창이란 단어를 '실의에 빠진 다리'로 지칭하는 자기 말장난이 솜씨가 좋다는 것은 알지만 그가 여러 번 반복해서 쓰면 헤인즈는 그냥 자기가 모아둔 스티븐의 '명철한' 어록에 포함시키는 정도에서 끝낼 것이란 생각밖에 들지 않는다. 다시 한 번 스티븐은 영국 폭군의 궁정에 있는 어릿광대로 치부될 것이다.

쓰디쓴 내면적 갈등을 지닌 스티븐의 '개인사'는 이 장에 선보이는 고대 그리스부터 근대 아일랜드에 이르는 사생결단의 전쟁들이 대변하는 인간사의 축소판이기도 하다. 그러나 헬렌, 줄리어스 시저, 피루스에 관한 언급은 고대의 원형에 바탕한 모조 영웅 소설에서는 중요하겠지만 아일랜드에 대한 영국의 배신과 속박을 참고하는 자료만큼은 중요하지 않다. 현존 체제의 대변자인 가렛 디지 교장이야말로 진정한 웨스트브리튼, 말하자면 영국적인 방식을 모방하고 모든 일에서 영국의 입장을 취하는 아일랜드 사람이다.

디지의 아일랜드 역사관을 아주 파괴적이라고 생각한 조이스는 이 장의 후반부를 할애해서 디지가 자책하도록 장치를 건다. 그리고 그를 무대 중심에 놓음으로써, 이야기가 전개되는 틀에도 아귀가 잘 들어맞게 한다. 이 장의 전반부는 스티븐이 공부에 관심 없고 제멋대로인 학생들에게 공부를 시키려는 수업 장면이었고, 이번에는 디지가 가르치는 사람이고 스티븐은 마지못해 맞상대를 하는 구도다. '텔레마코스' 장에서 사제처럼 굴던 멀리건의 복사 역할을 했던 스티븐은 여기서 귀찮은 사람의 조수 구실을 반복하게 된다.

디지는 악의 역사를 초래한 장본인이 여성이라고 하는데, 비난이 실린 이런 의견은 '텔레마코스' 장에서 아일랜드의 고난은 영국이 아니라 역사 탓이라고 꽁무니를 빼던 헤인즈의 의견처럼 허울만 그럴듯하다. 이 세상에 최초로 원죄를 소개한 이브를 차치하고도, 트로이의 헬렌, 12세기 브레프니와 이스트 미스의 왕자 오루크의 아내 더보길라, 오셰이 부관의 아내이자 찰스 스튜어트 파넬과 내연 관계였던 키티 오셰이가 디지가 꼽은 인물이다. 〈오디세이〉에서 텔레마코스의 아버지 소식을 많이 알려줄 수 없었던 네스토르가 찾아가라고 일러준 인물이 메넬라오스와 헬렌인 만큼, 그녀는 재미나게도 모조 영웅적인 〈율리시스〉에 딱 들어맞는다. 더보길라를 언급한 것으로 미루어 디지는 아일랜드 역사에 정통한 사람은 아니다. 맥머러는 더보길라의 남편이 아니라 함께 도주한 연인이었고, 처음으로 그들을 아일랜드로 데려오기 위해 오러크가 불러들인 영국인이다.(그들은 아일랜드를 떠난 적이 없다.) '무관(無冠)의 왕’이란 별칭을 지닌 파넬에 대한 언급은 그가 오세이 부인과의 염문설로 추종자들의 지지를 잃는 모습을 보고 어린 조이스가 입었던 커다란 정치적 상처를 상기시킨다. 그러나 여기 등장한 세 명의 지조 없는 아내들이 중요한 이유는, 1904년 6월 16일부로 블레이지즈 보일런과 밀회를 즐기는 몰리 블룸이 이들 세 유형을 한 몸에 지니고 있기 때문이다.

아주 비슷한 방식으로, 유대인에 대한 디지의 왜곡된 시각은 레오폴드 블룸이 가톨릭 인구가 우세한 더블린 사람들에게 당하게 될 대접의 전조다. 유대인이 재정과 언론을 좌지우지하기 때문에 영국이 부패해 간다고 느끼는 디지는 그들이 예수를 선뜻 구세주로 받아들이지 않는다는 사실을 들어 ‘빛에 대적하는 죄인들’로 여긴다. 그리고 이런 이미지는 ‘하데스’ 장에서 패디 디그넘의 장례식에 참석한 이후 하루 종일 상복을 입고 있는 블룸과 잘 융합된다. 지구를 떠도는 방랑자 유대인에 대한 디지의 묘사는 유대인 방랑자 블룸의 역할을 예견하게 한다. 그리고 아일랜드를 두고 유대인을 박해한 적이 없는(아일랜드인들이 아예 유대인의 입국을 차단했으니 당연히) 세계 유일의 나라라고 말하는 디지의 조야한 농담까지도 하루 종일 걸어야 하는 블룸이 겪는 모욕적인 분위기를 입증한다.

돈이란 주제를 선택하고 돈 가치를 너무 강조하다가 아일랜드를 망쳤다는 조이스의 주장은 ‘네스토르’ 장의 소재가 역사와 관련 있음을 뒷받침해 준다. 돈 얘기가 이 장을 파고든 주제임을 보여주는 예로, 예이츠의 시 "1913년 9월 September 1913"의 몇 구절을 들 수 있다. "기도하고 구원받기 위해 태어난 사람들에게 / 낭만적인 아일랜드는 죽어 없어졌다 / 그것은 올리어리와 함께 무덤 속에 있다." 여기 사용된 중첩한 말장난은 다음과 같이 풀어볼 수 있다. 현대의 예언자들은 물질적인 것을 '모으기' 위해 구원을 '저버렸다.' 비록 디지는 특정한 목적 없이 말장난을 하지만, 조이스는 독자들이 디지가 유사 그리스도 영웅 스티븐을 향해 "왜냐하면 자네는 저축을 하지 않기 때문이야…"라며 던지는 훈계의 비아냥거림을 포착하기를 바라고 있다.

다음으로, 디지는 세상만사 돈이라는 세계관의 대변자다. 그 학교 학생들은 부모가 부자라서 건방지다. 클롱고스 학교에 다니면서 부모님 얘기를 지어내야 했던 '가난한 소년' 스티븐의 처지와는 대조적이다. 디지에게 미덕이란 남에게 손 벌리지 않고 사는 것을 뜻한다. 심지어 디지가 코크의 조제법(가짜 해독제지만 몰리 블룸이 좋아하는 책의 저자 샤를-폴 드 코크를 암시하는 것 같음)으로 소의 구제역을 치료하겠다고 나서는 계획조차 아일랜드 세입에 손실을 주는 아일랜드 소의 수입 금지를 막아보려는 의도에서 나온 것이다. 이 장은 '동전들'이란 단어로 막을 내리는데, 이미 독자가 아는 디지다운 모습의 축소판이어서 새삼스럽지 않다.

그렇다면 '네스토르' 장은 스티븐의 개인적인 난관에

'대한' 것 이외에 인간 역사를 움직인 두 가지 거대한 힘, 즉 무력 정복과 탐욕에 관한 장이기도 하다. 조이스는 스티븐이 역사 수업 시간에는 피루스에, 수업 후에는 시릴 사전트의 '덧셈' 공부에 초점을 두게 함으로써 독자가 두 주제를 놓치지 않도록 한다.

Chapter 3
프로테우스

: 줄거리 및 풀어보기

3장은 디지 교장의 학교에서 9마일 떨어진 샌디마운트 해변에서 11시 경에 시작된다. 12시 30분 쉽 주점에서 멀리건과 약속이 있는 스티븐이 시간을 때우려고 해변을 따라 거닌다. 그는 잠시 외숙모 사라와 외숙부 리치 골딩을 만나러 갈까 생각하다가 지난 날 외삼촌을 비웃었던 아버지가 알면 무슨 말을 하실까 싶어 가지 않기로 한다. 따라서 장황한 골딩 가의 방문 장면은 '상상 속의' 사건일 뿐이다.

'프로테우스' 장의 첫 두 문단은 조이스가 의식의 흐름 기법으로 스티븐이 실체란 무엇이고 단순히 외양이 아닌 것은 무엇인지를 놓고 묵상하는 복잡한 마음속을 기록하고 있다는 사실을 모른다면 특히 어려운 부분이다. 여기서는 책을 많이 읽고 문학 이론뿐 아니라 철학에도 해박한 스티븐이 정신을 집중해서 인식론과 존재론의 과정을 낱낱이 새겨보는 모습을 거울처럼 비추고 있다. 비록 조이스가 이 장의 첫마디로 사용한 어구('사물의 가시적인 양태')의 정확한 출전은 없을지 몰라도, 그 다음 인용 부분은 아리스토텔레스의 〈데 아니마(영

혼에 관하어) *De Anima*〉에서 다룬 내용이다. 아리스토텔레스
는 먼저 투명성이나 반투명성(투과)을 통해 실체를 알게 되고,
이어 색깔 인식을 거친다고 가르쳤다. 단테는 아리스토텔레스
가 명철하다고 보고 '아는 자의 으뜸'이란 별칭을 붙여주었다.

첫째 문단에서는 우리가 보는 것이 실재인지를 묻고,
둘째 문단에서 스티븐은 '들으려고 눈을' 감으면서 듣는 것
의 실재에 의문을 던진다. '나흐아이난더 nacheinander'는 시
간적으로 차례차례 서 있는 사물들을 뜻하며, '네베나이난더
nebeneinander'는 공간적으로 나란히 서 있는 사물들을 뜻
한다. 후자는 보이는 모습에, 전자는 들리는 모습에 적용된다.
〈율리시스〉에서 스티븐은 마음을 어지럽히는 기억에서부터(더
블린은 물론 파리 체류 시절 포함) 과거의 실체를 풀어야 하고,
멀리건 같은 사람들에게 보이는 내가 아니라 진정한 나의 모
습을 발견해야 한다.

이 장에서는 호머와 조응 관계를 찾는 것이 어렵지 않다.
〈오디세이〉에서 메넬라우스는 텔레마코스에게 프로테우스를
어떻게 다루었는지 알려준다. 프로테우스는 마음대로 형체를
바꿀 수 있는 바다의 신이다. 여기에서 조이스는 스티븐의 내
부에서 일어나기 시작하는 변화를 드러내고, '내면 독백'의 서
술 기법을 통해 마치 고정을 거부하고 '프로테우스 같은' 성향
을 지닌 실체처럼 계속 변하는 스티븐의 생각을 무언의 몸짓
으로 나타낸다. 작품 사이의 대응 관계를 볼 때 조이스가 사용

한 '포도주처럼 검붉은' 바다란 표현은 호머가 잘 쓰는 '서사시풍 직유법'이므로 이 장은 그리스 원형에 충실한 것으로 본다.

이 장 처음에서 스티븐은 철학적인 문제들로 고민한다. 모든 사물은 변화를 피할 수 없으므로('사물의 불가피한 양태'), 실체란 무엇인가, 보이지 않아도 사물은 있는가, 들리지 않아도 소리는 있는가 등등. 멀리건에게 빌린 구두를 신고 해변을 따라 걸으며 스티븐은 자기가 읽은 책에서 이런 영원과 변화의 문제를 다루었던 여러 철학자들의 생각을 더듬어본다. 아리스토텔레스는 영원과 변화 사이의 중도적 입장을 취한다. 사물의 객관적인 존재를 부인한 조지 버클리 주교(1685-1753)도 중도적인데, 새뮤얼 존슨은 발로 돌부리를 차면서 의도적으로 그를 '혹평했다'. 스티븐은 파도를 가리켜 '마나난의 말떼'라고 부르는데, 마나난은 주술사로서 변화를 상징하는 아일랜드의 해신이다. 마나난은 죽은 인간을 부활시키면서 머리를 뒤로 돌려 후면을 보게 한 일로 인해 변화된 생활양식을 상징하는 신으로 여겨진다.

따라서 실체의 근원과 성격을 탐색하는 이 장에서 스티븐이 산파라고 짐작하는 두 여인의 등장은 새삼스러울 것이 없고, 이 '산파들'은 이어지는 장면에서 '우리의 힘센 어머니'로서 해변에 모습을 나타낼 것이다. 더블린의 하층민 구역인 '특별 행정구역' 출신으로 보이는 이 여인들은 패트릭 매케이브의 미망인 플로렌스 매케이브와 그녀의 친구다. 스티븐은 매케이브 부인이 들고 있는 무거운 가방 속에 '사산아'가 들어 있지 않을까, 생각한다. 아마도 스티븐이 가난하게 자랐기 때문에 이런 어두운 생각을 하는 것 같지만 곧바로 그의 감정이 급속도로 바뀌면서 여러 가지 재기 넘치고 재미있는 연상이 이어진다. 스티븐은 '신비주의 수도승들' 중에는 실제로 현세에서 띠로 몸을 묶어 신에게 돌아갈 길을 마련하는 사람들도 있다고 생각한다. 그는 탯줄들이 이브로부터 죽 이어진 모습을 마음속에 그려보면서, 이 전화선을 통해 '에덴 마을'과 통화를 할 수 있을지 궁금해 한다. 그가 지칭한 '흠 없는 배'는 이브를 가리킨다. 이브가 아담의 옆구리에서 나왔기에 배꼽이 없다는 의미인데, 순결에 인간의 때가 묻지 않은 제2의 이브인 마리아의 잉태를 연상시키기도 한다.

이런 출생과 정반대되는 비유로는 태터스가 킁킁대며 냄새를 맡는 부어오른 개의 사체와 스티븐이 상상하는 바다에서 건져 올린 시신이 자리한다. 이 시체는 바닥으로 가라앉았다는 점에서 밀턴 작품의 에드워드 킹과 같으나, 킹과는 달리 변모되지 못하고 부패한다.

'프로테우스' 장에서 스티븐이 누가 '진정한' 아버지인지 알고 싶어하면서 부권 논의 역시 상처 없이 비껴가지 못한다. 사이먼 데덜러스의 낳아준 사랑은 술김에 맹목적으로 저지른 성행위에 불과하다. 그렇다면 신은 어떤가? 메리와 사이먼은 연결자의 의지를 실행한 도구일 뿐이고, 신에게는 영원법의 명령이 있다. 스티븐은 더블린의 발전소인 피전 하우스 쪽을 바라보면서 레오 택실의 〈예수의 생애 *La Vie de Jesus*〉(1884, 파리 판)에 나오는 불경스러운 어구를 생각한다. 그 책에는 요셉이 수태한 마리아에게 누가 이처럼 '저주스러운 상황' 내지 '곤경'에 빠뜨렸는지 묻자 피전(비둘기, 성령 등) 이라고 답하는 장면이 나온다. 이 같은 암시를 통해 스티븐의 부모는 그리스도나 많은 서사시의 영웅들과 (상징적으로) 동일선상에 놓인다. 이 시점에서 스티븐은 아버지의 소재가 아니라 진정한 아버지가 누구인지를 궁금해 하는 텔레마코스가 된다.

스티븐은 심리적 혼란, 이어 '모든 사물의 징후'만 보는 능력, 즉 사물의 본체('누우메나 noumena')를 알지 못하고 소리만 듣는 능력 때문에 겪었던 과거와 현재의 많은 어려움을 생각한다. 그는 클롱고스 학교에서 조상에 대해 거짓말로 꾸며냈던 일을 떠올린다. 사람들이 입을 모아 (겉으로는 성인 자질이 충분한 소년인) 그가 성직에 몸담을 것이라며 앞날을 점칠 때도 정작 자신은 여인의 나체를 생각하고 있었던 것도 회상한다. 그리고 아는 것이 많다고 떠들고 다니던 시절, 습작으로 쓴 짧은 산문시 몇 편과 현현(顯現)에 대한 이론을 세계의 유명 도서관에 보내겠다는 포부를 가졌던 일도 그려본다.

현재는 도무지 스티븐에게 위안을 주지 못한다. 그는 어머니가 임종을 앞두고 있다는 아버지의 전보를 받고 파리에서 돌아왔다. 벅 멀리건의 숙모가 벅에게 스티븐과 어울리지 말라고 한 이유를 다시 생각해 보면, 어머니의 임종 자리에서 그가 기도를 거부했기 때문이다. 그는 멀리건이 현재 탑의 열쇠를 갖고 있다는 생각을 한다. 떠돌이 개 태터스를 무서워했던 그는 (다시금) 멀리건과 자신을 대비시키면서, 멀리건은 물에 빠진 사람을 살린 적도 있다는 식으로 생각한다. 자기 이를 조개껍데기에 불과한 것으로 보는 스티븐은 치아에 (또다시) 극도로 민감해진다. 조개껍데기 이미지는 '네스토르'장에 나온 디지의 조개껍데기 수집과 이 장의 바닷가 배경과도 잘 연결된다. 학교 월급으로 치과 의사를 찾아갈까 말까 궁리하던 그는 반유대주의자 언론인 에두아르 아돌피 드루몽이 빅토리아 여왕을 '누런 이의 노파'라고 논평한 것으로 생각을 이어간다.

스티븐의 고민은 조이스가 설정한 다음 인물들과의 유사성으로 정의된다. (1) 스티븐의 숙부는 자리에 누워 위스키와 베르디의 오페라 〈일 트로바토레 *Il Trovatore*〉에 나오는 '웅성거리는 술집'만 찾는다. 이 작품에서 충직한 페란도는 사기꾼 밀리선과 대비되는 인물이다. (2) 스티븐은 조너선 스위프트가 자기를 알아주지 않는 대중에게 화가 나서 〈걸리버 여행기 *Gulliver's Travels*〉 제4부에 나오는 유명한 말 후이늠 족을 받들어 모셨다고 생각한다. (3) 케빈 이건은 페니어[*] 회원으로

---

[*] **페니어 회원**(Fenian): 아일랜드 독립을 위해 조직된 비밀결사의 단원. 재미(在美) 아일랜드인이 중심.

서 독립결사를 노리다가 망했다. 오늘날도 그는 '기러기'처럼 파리에 망명자로 남아 자신의 혁명 시안에 지지를 호소하면서 고국 아일랜드의 부흥을 꿈꾸고 있다.

독자는 조셉 케이시란 아일랜드 민족주의자가 케빈 이건 이야기의 실제 주인공임을 알고 있어야 한다. 그는 1867년에 런던의 클러켄웰 감옥을 폭파하고 몇몇 페니어 회원을 구출하려는 계획에 연루되었던 인물이다. 이번 장에서 스티븐이 (파리에서 만난) 그를 언급할 때마다 〈율리시스〉에서 중요하게 다루는 여러 이미지와 잘 맞아 떨어진다. 아일랜드 국민에게 버림받고 잊혀진 지도자 인물형에 속하는 그가 스티븐의 도움을 얻어내고자 명분으로 삼은 애국심은, 초연하고 객관적 태도를 지닌 예술가가 되려는 스티븐으로서는 피해야 할 유혹이다. 파리에서 이건이 스티븐에게 건네는 변장과 도망에 관한 이야기 역시 환영을 다루고 있는 '프로테우스' 장에 적합하고, 스티븐에게 자기 아들 파트리스를 찾아 자기와 만났던 일을 알려달라는 이야기는 결국 〈율리시스〉에서 추구하는 아버지란 주제와도 부합한다. 헤어진 프랑스인 아내와의 사이에서 태어난 파트리스는 생각하기에 따라서는 사랑의 열정이 식은 블룸 부부와 대비시킬 수 있다.

다음으로, 스티븐이 처한 곤경에 빗대어 나온 중요한 비유 하나가 '십자가 처형'이란 사실은 이상스러울 것 없다. 두 벌의 셔츠는 빨랫줄에 '십자가처럼' 달려 있고, 이 장의 마지막 문단에서 로즈빈이라는 배의 돛대 세 개는 예수가 처형 당시 두 강도 사이에 있었고, 그 중에 한 명만 구원을 얻었던 사실을 연상시킨다.

변화는 스티븐에게 십자가형처럼 괴로운 시련이다. 왜 냐하면 그를 규정짓는 상반되는 힘의 균형을 잡기 위해 성숙해지는 법을 배우지 않으면 삶에 의해 익사하고 말 형편이다. 그의 소년 시절은 집이 가난해도 꿈 많고 안정되어 있었다. 교회의 가르침도 잘 받아들였고 공부도 잘했으며 훌륭한 시를 쓸 수 있다고 믿었다. 파리 체류는 그의 성격 속에 오랫동안 자리했던 불경과 회의적인 성향을 두드러지게 만들었으나, 돌아온 지금은 상실감을 느낀다. 오랜 진리들로부터는 단절되었지만, 그렇다고 슬며시 멀리건의 입심 좋은 무신론적 냉소주의로 기울지는 못하고, 이제는 무방비 상태에다 자신의 천재적 순발력에 대한 믿음도 사라졌다고 느끼는 그에게는 몹시 험난한 수난의 길을 걷는 일만 남아 있다.

그래도 여전히 이 장은 희망의 암시를 담고 있다. 스티븐의 예지는 비평가들 말대로 황폐해진 것은 아니다. 익사해서 부푼 시체에 폭풍 같은 '엄청난 변화'가 일어나지는 않겠지만, 스티븐에게 갱생의 가능성은 짙게 깔려 있다. 이 같은 부활을 암시하는 다음의 두 행위는 의미심장하다. 첫째로, 이전에 문학을 한답시고 허세를 부렸다고 느낀 스티븐은 디지의 편지를 찢어 글쓰기를 시작한다. 둘째로, 그가 소변을 보는 행위는 〈율리시스〉의 곳곳에서 창조와 연관이 있다.

스티븐이 감정과 돈 문제 모두에서 해결과 파산, 희망과 절망, 성스러움과 광기, 창조와 폐물 사이에서 갈팡질팡할 때, 〈율리시스〉의 첫부분이 끝난다. '텔레마코스'라는 스티븐의 장이 대문자 S로 시작되었다면, 몰리를 뜻하는 대문자 M은 다음 장 '칼립소'에서 블룸의 여정의 시작을 알린다. S가 멀리건을 묘사하는 대목에서 '당당하게 Stately'의 첫 글자로 사용되고, M이 블룸의 이름에 '미스터 Mister'를 구성하는 철자로 붙게 된 사실은 모든 사물의 상호 연관성을 짚어내고 있다. 스티븐은 자기가 주인공인 장에서조차 벅의 우락부락한 남성성을 필요로 하고 있으며, 블룸과 몰리는 깊이 (아마도 궁극적으로는) 서로 의지하게 된다.

Chapter 4

칼립소

　　오전 8시, 레오폴드 블룸이 에클레스 가 7번지의 자기 집 부엌에서 아침식사를 준비하고 있다. 블룸은 기르는 고양이에게 우유를 주고 나서 아침식사에 쓸 콩팥을 사러 들루가쯔 정육점에 가는데, 구름이 햇빛을 가려 우울하다. 집으로 돌아온 그는 보일런의 편지를 포함해서 아침 우편물을 아직 잠

자리에 있는 몰리에게 건넨다. 식사 후 (여전히 침대에 있는) 몰리에게 아침상을 가져다준 그는 교회 종소리를 들으면서 참석하기로 되어 있는 패디 디그넘의 장례식을 생각한다. 이 장에서 다루는 음식이란 소재는 같은 시간에 서로 다른 장소에서 일어나는 두 이야기, 즉 '칼립소' 장의 블룸과 '텔레마코스' 장의 스티븐 사이의 대단한 유사성을 암시한다.

이 장의 이야기는 〈오디세이〉와도 상응되는 구조를 지닌다. 오디세우스(율리시스)가 미모의 요정 칼립소에게 사랑의 포로로 잡혀 7년을 지내듯 블룸 역시 아내에게 잡혀 지낸다. 그렇지만 블룸의 처지는 그리스의 주인공에 비하면 좀더 자발적이고 처음부터 사뭇 자학적인 기미를 띠고 있다.

호머의 작품을 연상시키는 점은 더 있다. 몰리가 침대 머리맡에 좋다고 걸어놓은 "목욕하는 요정" 그림과 윤회를 '영혼의 환생'이라고 정의한 블룸에게 대뜸 "어머나 암초군!"이라고 말하는 몰리의 응수가 그것이다. 그녀의 대꾸는 (그리스나 아일랜드의) 뱃사람들이 피하는 편이 좋은 인어 무리를 연상시킨다. 게다가 조지 시거슨 등 아일랜드 부흥운동가들은 칼립소가 산다는 전설의 섬 오기기아가 실은 아일랜드라고 믿었다. 조이스는 이런 견해를 받아들이지는 않았지만, 몰리의 출생지인 지브롤터 섬이 호머가 오기기아를 구성하는 장소들 가운데 하나로 사용했을 가능성이 높다는 점은 알고 있었다.

블룸은 문학 작품에서 형상화가 가장 잘된 인물의 한

예이며, '칼립소' 장에서 조이스는 블룸과 스티븐 사이의 여러 대응 관계를 염두에 두고, 당일 아침 8시 45분에 각자의 길을 걷는 두 인물을 그려나간다.

블룸과 스티븐의 유사점은 눈에 띄게 드러나 있지는 않지만, 두 인물을 제대로 파악하려면 알아둘 필요가 있다. 이를테면, 오줌이 이 장의 첫 문단과 '프로테우스' 장의 마지막 부분에 언급된 점을 들 수 있다. 블룸이 좋아하는 콩팥 요리, 양고기는 '톡 쏘는 듯한 지린내가 밴' 것이고, 스티븐이 '프로테우스' 장에서 본 소변은 "물건에서 뿜어 나온 기다란 오줌발이… 철철 흐르고… 솟고, 흘러간다." 블룸은 고양이와 잘 지내지만, 스티븐은 개와 무섭게 조우했다. 블룸의 고양이가 '윤기 나는 검은 형상'이라면 하인즈의 악몽에 나왔던 검은 표범을 연상시키기도 한다. 덧붙여 말하면, 동양을 보는 블룸의 시각(가축 이야기 포함)은 한편으로는 '프로테우스' 장에서 언급되는 동양에 대한 스티븐의 낭만적인 꿈과 닮았고, 한편으로는 스티븐이 부탁받고 전하는 디지의 편지에 나오는 구제역이란 가축의 질병을 연상시킨다. 스티븐은 그가 디지와 공모한 점 때문에 멀리건이 그를 '소떼와 친한 시인'으로 부를 것이라고 생각한다는 사실은 의미심장하다.

이와 같이 조이스는 '칼립소' 장과 '텔레마코스' 장을 연결시킨다. 블룸은 고양이가 자신을 보면서 탑처럼 키가 크다고 생각할까, 하고 궁금해 하는데, 독자들이 기억하듯 스티븐은 마텔로 탑에 산다. 블룸이 고양이에게 부어주는 우유는 배달부가 막 가져온 것인데, 독자들은 작품 시작 부분에 등장한 우유 배달 할멈을 떠올리게 된다. 밀리가 아버지에게 보낸 편지에 언급된 알렉 배넌은 '텔레마코스' 장에도 나온다. "그는 저쪽에서 예쁜 처녀 한 명을 발견했다. 그는 그녀를 사진 모델이라고 부른다." 스티븐과 블룸이 상응하면서 형상화된다는 것은 연결 고리를 표시하듯 거의 같은 문구로 묘사되는 다음의 중요한 예에서도 알 수 있다. 해를 가린 구름이 블룸의 기분을 순간 저조하게 만들었는데, 그 구름이 '텔레마코스' 장에서 스티븐의 기분에도 작용한다. 그런데, 구름이 스티븐에게 어머니의 죽음이란 슬픈 기억을 촉발시키는 데 비해, 블룸에게는 자신에게서 대가 끊기는 것, 자신이 늙어가는 과정, 정신의 쇠퇴를 통해 죽음을 생각하게 만들어 아내의 따뜻한 육체를 소중히 품도록 한다. '세계의 움푹 꺼진 회색 음부'로 묘사되는 블룸이 생각한 죽음은 섬뜩하게도 스티븐의 돌아가신 어머니 메리 데딜러스의 죽음을 떠올리게 한다.

'칼립소' 장에서 스티븐과 블룸 사이에 설정된 상응 관계는 〈율리시스〉 전체를 통해 지속된다. (앞서 언급했듯) 블룸과 스티븐은 열쇠가 없는 영웅들이고 상징적이게도 모두 무엇인가를 잃은 상태다. 블룸은 실제로 열쇠꾸러미가 바지 뒷주머니에 없는 것을 알아채고도 몰리에게 방해가 될까봐 열쇠를 가지러 돌아가려 하지 않고, 그녀가 뒤척이는 틈을 타서 살

며시 빠져 나온 상태다. 그는 혹시나 모를 침입자를 막을 정도
로만 문을 닫고 잠그지 않은 채로 '둔다.' 몰리가 좋다면 껌뻑
하는 블룸은 멀리건 앞에서 한 수 접는 스티븐을 생각나게 한
다. 더불어 두 사내 모두 죽음 때문에 검은 옷을 입고 있다. 한
사람에게는 어머니의 죽음이, 다른 사람에게는 패디 디그넘의
죽음이다. 처음에는 각자, 나중에는 함께 더블린 시를 가로지
르면서 걸어 다니는 두 사람은 변종 가톨릭 신부를 닮았는데,
한 명은 유대인이고, 다른 한 명은 배교자(신앙을 버린 사람)다.

　　아울러 창조 욕망에 사로잡혀 있고 글쓰기를 육체 기능
과 연관짓는 점도 두 사람의 공통점이다. '프로테우스' 장에서
스티븐은 글을 쓰려고 디지의 편지 일부를 찢은 후 소변을 보
았고, 블룸은 화장실에서 팃비츠 지를 읽고 필립 뷰포이가 쓴
"매첨의 멋진 수완"이란 수상작 일부를 찢어 밑닦이로 사용
한다. 뷰포이는 매호마다 '팃비츠 수상작'을 출간하는 잡지에
실제로 기고하는 사람이다. 블룸과 스티븐은 공통적으로 돈
에 관심이 많다. 블룸은 칼럼당 1기니를 받는 조건으로 글을
써서 팃비츠 지의 연재를 맡을 생각을 하고, 스티븐은 헤인즈
를 구슬러 자기 어록으로 돈을 만들 궁리를 한다. 스티븐과 블
룸을 놓고 보면, 현실적인 블룸이 상업적 궁리에 더 진지하게
몰두하는 것 같다. 반면, 스티븐은 다소 냉소적으로 그 생각을
버리고 만다. 앞서 언급한 신체 기능에서 비슷한 점을 찾아보
면, 스티븐과 블룸은 '더러움(명사)이 닦아낸다(동사)'는 '반

대되는 것의 화합'이란 역설을 강조하는 조이스와 생각을 같이한다. '프로테우스' 장에서는 무언가를 쓰기 시작한 스티븐이 바위에 코딱지를 붙였고, 이 장에서 블룸은 거름을 뿌리덮개로 써서 정원을 옥토로 일구는 방법을 진지하게 고민한다.

'칼립소' 장에는 두 인물의 유사성뿐 아니라 주된 차이점도 드러나며, 결국 두 사람이 마음을 하나로 모으지 못한다는 복선을 깔고 있다. 스티븐은 집도, 집필 작업실도 없지만, 블룸은 가끔 고양이가 지나다니긴 해도 글 쓰는 탁자가 있다. 보다 깊은 의미를 지닌 차이점들은 과학도인 블룸이 철학가이자 예술가적 자질을 지닌 스티븐과 진정으로 마음을 주고받기 어렵다는 점과 관련이 있다. 블룸은 무미건조하게도 고양이의 혀가 거칠어서 먹이를 쉽게 먹는 것인지 궁금해 하고, 스티븐은 ('프로테우스' 장에서 보듯) 태터스가 실제로 자기 할머니를 파내고 있는 것인지 궁금해 하면서 소위 현실이란 것이 정말로 존재한다고 말할 수 있는지 의문을 던진다.

또한 스티븐과 달리 이성적인 블룸에게는 물리적인 세계가 분명히 존재한다. '칼립소' 장에서 조이스는 블룸의 남다른 미각과 촉각을 예리하게 부각시키고 있다. 심지어 유대교의 식사법에서 금할지도 모를 음식일지언정 블룸이 맛을 음미하며 먹고 있는 장면에는 과장이 없다. 입이 마를 때 블룸이 해결하는 방식은 간단하다. 바로 한 잔의 차다. 그리고 찻물이 끓을 동안에는 돼지 콩팥을 사러 들루가쯔 정육점에 다녀온다.

헝가리 사람인 정육점 주인 역시 블룸처럼 유대교인이므로 고기를 먹지 못하게 되어 있지만, 들루가쯔 정육점은 고기에 주린 '허기진' 주인공에게 육식의 즐거움을 주는 낙원이다. 돼지 피의 향기로운 냄새에 다소 마음이 편안해진 블룸은 불현듯 옆집에 사는 우즈 씨 부부를 시중드는 여자가 가게에 하나 남은 콩팥을 살까봐 걱정이 된다. 마침내 콩팥을 구입한 그는 밀리의 편지를 읽으면서 먹는다. 블룸이 맛있게 식사하는 모습은 조이스가 두 번이나 묘사하듯, 빵을 그레이비 소스에 찍어 맛보는 모습에 잘 그려져 있다. 이 장면은 나중에 오후 1시가 막 지나 '레스트리고니언스' 장에서 걸신 들린 듯 음식을 먹는 광경을 참지 못하고 버튼 식당을 나오고 마는 블룸의 행동과 대조적이며, 반어적인 여운이 있다.

오감을 가진 인간에게 촉각이 중요하지 않을 리 없다. 조이스는 이번 장에서 따뜻한 사물이나 사람을 찾고 만지는 블룸을 자주 보여준다. 블룸은 기분이 좋아지는 밝은 태양을 보고 날이 따뜻해질 텐데 검은 상복을 입고 장례식에 참석하면 답답히겠다는 생각이 든다. 기분이 처지면 몰리의 따뜻한 육체가 그리운 블룸은 밖으로 나갔으려니 했던 고양이가 '부드럽게 감싸여' 몰리의 침대에서 태아 같이 '몸을 동그랗게 말고' 졸고 있는 모습을 보며 자신의 욕망을 투사해서 생각한다.

넓은 의미에서 블룸이 들루가쯔 정육점에서 우즈 씨네 하녀를 만난 것도 따뜻함과 관련이 있다. 아직은 육체적으로 활성화되지 않고 상상 속에 머물고 있는 블룸의 성욕은 '나우시카' 장에 등장하는 거티 맥도웰로 인해 깨어난다. 들루가쯔 가게의 '피'는 블룸의 성생활에 대한 '은유'가 되며, 그 범위는 돼지의 피에서 우즈 부부의 노쇠한 피, 그리고 하녀의 젊은 피에 이르기까지(《율리시스》 전반에 걸친 모티프로서 밀리와 몰리의 생리혈까지 포함) 넓게 퍼져 있다. 블룸은 우즈 씨네 하녀가 빨랫줄에 걸린 카펫을 탁탁 두들기는 모습을 훔쳐보며 즐거워한다. 그는 분명히 아내나 (아마 그런 모습일) 딸처럼 억센 여자를 좋아하고, 정육점에서 나와 손목이 굵직한 그 하녀가 '궁둥이(hams)를 흔들면서'(이 장에서 나오는 햄이란 단어의 말장난) 걸을 때 뒤를 쫓고 싶지만 그러지 못한다.

아울러 블룸의 화장실 행은 그(와 조이스)가 육체적인 것에 즐거움을 느끼면서 배설 장면을 예술로 고양시키는 모습을 단적으로 보여준다. 버지니아 울프는 이 대목을 속되고 역겹다고 지적한 바 있지만, 조이스는 그런 행동을 통해 실제 인간의 모습을 예찬하는 동시에 육체를 포함한 온전한 자아를 끌어안아야 인간의 구원이 가능하다는 점을 내세우고 있다. 조이스의 작품 세계는 분변학(인간이나 동물의 배설물 연구)과 종말론(구원을 향해 노력하는 인류에 대한 연구) 사이에서 균형을 잡고 있는 것이다.

'칼립소'에서 블룸은 주변 것을 받아들이고 맞춰나가며, 몰리가 잠자는 동안에도 식사를 준비하고 영양분을 공급하는 삶의 양육자로 그려진다. 그러나 1904년 현재 서른여덟 살짜리 블룸이란 인물은 작품에 표현된 것이 전부가 아니다. 〈율리시스〉를 자세히 읽어보면, 최근 수년간 주인공에게 큰 변화가 닥쳤음이 드러난다. 한때 그는 사회주의자, 파넬 추종자, 아일랜드 민족주의자라는 것을 노골적으로 드러냈는데, 좀 지나치게 자기 취향과 정치적 입장을 내세우다가 직장을 잃기도 했다. 작품 말미에는 등신 같은 '폴디'가 '남자 구실'을 회복할 것이란 암시가 나타나는데, 실제로 '페넬로페' 장에서 조이스는 몰리가 블룸의 요구에 따라 잠자리에 있는 그에게 아침상을 가져다줄 가능성을 넌지시 내비친다.

그러나 '칼립소' 장에서 그는 아내에게 꼼짝 못하고 굽실거린다. 한 예로 블룸은 정확히 몰리의 기호에 맞춰 아침을 준비하려고 노력한다. 토스트는 얇아야 하고, 접시는 네 쪽을 담아도 여유가 있어야 한다. 그리고 그녀의 요구에 따라 차도 서둘러 준비한다. 그는 살며시 웅크리고 그녀의 더러운 속옷을 집어 들었다가 〈루비: 반지의 자랑〉이란 음란 서적을 발견하고 주황색 요강에 기대놓는다(배설 행위와 창조성이 연결된 또 하나의 예). 그리고 그녀에게 폴 드 코크가 쓴 책을 한 권 더 구해 주겠다고 약속하고는 결국 〈죄의 쾌락 *Sweets of Sins*〉을 대여해 오지만 두 책 모두 실제 '끝내주는 이름을 가진' 코크의 책이 아니다.

블룸의 숙명론적 성향은 독자가 알게 되다시피 딸을 대

하는 태도에서도 문제가 된다. 그는 열다섯 살짜리 딸에게서 아내가 그 나이에 지녔을 싹트기 시작한 성적 관심을 본다. 몰리는 지브롤터에서 해리 멀비 중위와 첫사랑에 빠졌다. 블룸은 몰리가 멀비와 자지 않았는데도 그렇다고 기정사실로 간주하고, 밀리도 배넌에게 순결을 잃었다고 생각해(실제로는 아님) 그런 행위를 '말려봐야 소용없는 일'이라고 말한다. 한편으로, 좋은 게 좋은 블룸의 유화적 성격은 이 장의 끝부분에서 세상을 떠난 패디 디그넘을 측은하게 떠올리는 데서 드러난다.

'칼립소' 장에서는 몰리와 폴디 각각의 인물 묘사 이면, 그리고 싸움 뒤편에서 수많은 일이 생긴다. 조이스는 솜씨 좋게 세세한 사건을 선별적으로 활용해서 표면상 일어나는 개개 사건을 통괄하는 삶의 복합성을 암시한다. 이 장에는 '숨기는' 동작이 많이 나온다. 예컨대, 블룸은 헨리 플라워란 가명을 새긴 명함을 존 플라스토 모자 가게에서 구입한 모자 밴드 아래 숨기고, 다음 장에서는 이 명함으로 펜팔 연인인 마사 클리퍼드(역시 가명)의 편지를 찾는다. 편지 애기를 더하면, 몰리가 블레이지즈 보일런에게서 받은 편지는 블룸도 몰리도 누구 것이라고 말하려 하지 않고, 몰리는 그 편지를 베개 밑에 숨기려 하지만 찢어진 봉투 모서리가 눈에 띄자 블룸은 마음이 몹시 상한다. 이야기의 재미 차원에서, 블룸은 들루가쯔 정육점에서 콩팥 한 점을 주머니에 슬쩍 하는데 이것도 숨기는 행위다.

'칼립소' 장에서 숨겨진 의미의 근간을 이루는 것이 보일런과 몰리 사이에 임박한 정사다. 〈율리시스〉 작품 내내 되풀이되는 침대 머리맡의 쩔렁이는 장식 소리는 그날 늦은 오후에 더욱 사정없이 흔들린다. 두 연인은 이어서 진행될 순회 음악회에서 "사랑의 달콤한 옛 노래"를 부를 예정이지만 그에 앞서 에클레스 가 7번지에서 연습을 하려고 한다. 블룸이 밀리를 멀린거로 보내 사진 공부를 하도록 한 것은 본래 아내와 보일런의 불륜을 모르게 하려는 의도였지만 딸은 "순진한 밀리가 최고의 존경을 그에게 보낸다고 전해 주세요" 하며 보일런의 존재를 넌지시 언급하고 있다.

조이스는 몰리와 블룸의 예사롭지 않은 관계를 성적인 이미지를 빌려 객관화한다. 몰리가 요강에 걸터앉아 읽곤 하는 〈루비〉는 가학적 성향을 지닌 남자에게 학대당하는 나체 여인에 관한 이야기인데, 몰리에게 비평가들이 흔히 간과하는 피학적 음란성이 있다는 것을 암시한다. 독자가 잊지 말아야 할 점은, 몰리가 침대 위에 걸린 "목욕하는 요정" 그림을 좋아한다는 것이고, 목욕을 한다니 여인들이 벌거벗었으리란 사실도 유념하는 것이 좋다. 한편, 블룸은 쥐가 고양이에게 잡아먹힐 때 찍소리를 내지 않는지 궁금해 하면서 쥐가 '좋아서' 그런다고 생각하는데, 여기서는 자신의 성향을 짚어내려는 모습이 엿보인다. 이 같은 여러 가지 생각은 나중에 '키르케' 장에 나오는 벨라 코헨의 사창가 장면에서 더욱 분명히 형상화된다.

Chapter 5

로터스 이터스

블룸은 에클레스 가 7번지에서 1마일 정도 떨어진 웨스트랜드 로 우체국에 가서 마사 클리퍼드의 편지를 찾을 예정이다. 더블린 시가지 지도와 맞춰보아도 블룸이 실제로 집을 나와 우체국에 도착하기까지 돌아다닌 거리가 원을 그리고 있음을 알게 된다. 블룸이 배회하는 모습은 마사와 은밀히 편지를 주고받는 행위에 대한 죄책감과 더불어 여태까지의 정신적인 관계에서 그를 확실하게 한 걸음 더 끌어들일지도 모를 마사의 편지를 찾고 싶지 않다는 욕망을 보여준다. 그의 배회는 꿈결 같고 혼란스러우며 약에 취한 듯한 이 장의 분위기와 걸맞게, 마치 '로터스* 먹는' 여러 모습을 그려내는 것 같다.

호머의 서사시에서 오디세우스 장군과 휘하 병사들은 로터스 먹는 사람들의 나라에 도착한다. 이곳 부족들은 오디세우스 일행을 환대하면서 먹으면 귀향 생각을 잊게 하는 음식을 대접한다. 물론 일부 선원은 그 꽃을 먹었고, 나중에 오

---

* **로터스**(lotus): 그 열매를 먹으면 괴로움을 잊고 즐거운 꿈을 꾼다고 하는 상상의 식물.

디세우스에게 질질 끌려 그곳을 벗어난다. 조이스는 아일랜드야말로 가톨릭교회와 교회에서 인정하지 않는(또는 허용하지 않는) 성욕에 무기력하게 매여 있는 민족이 사는 로터스 먹는 자의 나라로 보았고, 이 장을 나른하고 잠을 부르는 여러 가지 유형의 현실 도피 수단으로 채워놓고 있다.

바야흐로 독자는 약간 졸린 블룸을 만나게 된다. 마사의 편지를 찾기 전에 그는 벨파스트 앤 오리엔트 차(茶) 회사 앞에서 잠깐 멈춰 차 용기에 '새겨진 글(legends)'(그리스 신화에 대한 말장난)을 읽으면서 나른하게 실론차를 떠올린다. 그는 어떻게 사해에서는 가라앉지 않는지 따져보려는데, 꼬리를 물고 그릇된 결론들이 나오는 바람에 추론이 흐지부지되면서 과학적인 지성의 끈을 놓치고 만다. 그리고 아버지의 자살로 생각이 옮겨가자 자신이 '도피주의자'란 느낌이 든다. 당시에 그는 방으로 들어가 아버지 얼굴을 보지도 않았고, 그것을 다행으로 여기기까지 했던 것. 나중에 그가 몰리의 얼굴 로션을 사려고 들른 F. W. 스위니 약국에는 클로로포름 같은 로터스 비슷한 물품으로 가득하다. 그 상징성은 블룸이 그날 다시 스위니 약국에 들르는 것을 잊는 것처럼 제조법(처방전)을 잊어버리는 사실로 강화된다. 게다가 블룸이 약국에서 구입한 레몬 향 비누 한 장과 그 비누가 '키르케' 장에서 블룸을 따라다니는 모습은, 그가 비누향을 맡을 때 상징적인 로터스 꽃이된다. 이 장은 블룸이 터키탕에서 생각에 잠기는 것으로 마무리된다. 이때 그는 자신의 성기를 '나른하게 떠 있는 한 송이 꽃', 로터스로 본다.

'로터스 이터스' 장에 나오는 많은 활동(혹은 비활동)은 아내와 정부 모두에 대한 책임감으로부터 벗어나려는 블룸의 도피 욕망을 짚어낸다. 블룸은 진심으로 마사의 답장을 바라지 않고, 우체국 여자가 우체통 구멍을 들여다볼 때도 내심 편지가 없기를 바란다. "십중팔구 답장이 안 왔을 거야. 지난번에 너무 심했거든." 그가 묵주기도의 날 다음에 일요일을 잡아서 만나자던 마사의 제안을 거절하고 마사와의 '사랑의 듀엣'이 몰리와의 말다툼만큼이나 재미없을 것이란 확신이 생긴 직후 떠올리는 다른 연꽃 이미지는 잎담배의 마취 효과다.

블룸의 도피 욕구는 매우 인간적인 성정이고, 어떤 의미로는 그가 몸담고 사는 도시 더블린에서 유대인이란 이유로 동료 시민들에게 따돌림 당하면서 느끼는 깊은 외로움을 벗어나려는 욕망이기도 하다. 그는 영성체란 것이 신자들에게는 '막대사탕'일지 모르겠지만, 그들의 소외감을 덜어주어 '모두가 한 가족 공동체처럼 느끼고… 외롭지 않게 만든다'고 생각한다.

그밖에 현실도피를 규정하기 위해 사용되는 몇 가지 종교적인 암시는 '로터스 이터스' 장을 이해하는 열쇠를 제공한다. 예를 들어, 블룸이 베다니아에서의 마르타와 마리아와 그리스도를 어떻게 생각하는지 보자. 시중들기에 바쁜 마르타는 마리아가 그리스도 발치에 앉아 말씀만 듣고 있는 것이 불만이었다. 예수는 마르타에게 마리아가 '참 좋은 몫을 택했다'고 말했다. 마르타와 마리아는 예수가 무덤에서 구해낸 나사로의 자매들이다.

성경 이야기는 〈율리시스〉에서 여러 겹의 의미를 갖는다. '마르타'는 마사 클리퍼드이고, '마리아'는 마리언(몰리) 블룸이며, 나중에 블룸이 선택하는 쪽이 (블룸의 발에 머리를 대고 잠자는) 노곤하게 늘어진 몰리이지, 바쁘게 일하는 타이피스트 마사가 아니라는 복선이 깔려 있다. 아울러 부활한 나사로의 복된 체험은, 부활이나 변화의 희망이 거의 없는 더블린 사람들의 어려운 처지와 정반대다. 그 중에서도 가장 중요한 의미는 예수가 두 자매를 방문한 배경으로 암시된다. 이렇게 성적인 의미가 배제되어 있기에 블룸이 성경 이야기에 끌렸을 가능성이 큰데, 그처럼 복잡한 상징성으로 인해 독자는 그리스도와 블룸 사이의 단순한 대응관계조차 이해하지 못하게 된다. '로터스 이터스' 장에서 조이스는 블룸과 그리스도를 순교자로서가 아니라 성적으로 성취하지 못한 사람이란 점에서, 블룸은 아이를 낳지 못하는 데도 똑같이 취급한다. 목욕하려고 하면서 블룸은 그리스도가 빵을 축성(祝聖)하며 한 말 "이것은 나의 몸이다"를 곰곰이 생각한다. 여기서 독자는 적어도 '로터스 이터스' 장에서 블룸이 그리스도처럼 세상에서 최고의 '베푸는' 사람으로 그려져 있지 않음을 알아챈다. 물론 그리스도는 성찬식을 만들었고 그의 몸은 세상사람 모두에게 '베풀' 수 있다.

블룸의 책임감 회피 욕구란 대우주는 그의 섹스 무능력이란 소우주의 표상이고, '로터스 이터스' 장은 진절머리 나는 섹스와 성적 공허함에 관한 온갖 언급으로 고조된다. 블룸은 더블린 주둔 영국군이 매독에 감염되었다는 '아일랜드인 연합군'의 비난에 대해 생각한다. 트위디 소령(몰리 아버지)을 생각하자 이어 연상된 그 기억은 마사의 편지에 관한 죄의식에 의해 계속 야기되던 것이다. 다시금 블룸은 햄릿이 여자였을지 모르며 그의 복장도착 성향이 오필리아를 죽음으로 내몰았을 수도 있다는 기발한 상상을 한다. 〈율리시스〉의 독자는 이 경우에 햄릿과 유사 인물로 스티븐이 아니라 블룸을 꼽게 된다. 또한 블룸은 거세된 말이 안쓰럽다는 생각을 하려다가 그 나름으로 행복할지 모른다는 판단을 내린다. 그리고 (가톨릭교회의 성가대가 되려고 거세당한) 거세자들이 나중에 살이 찌는 경향은 있지만, 평온한 삶을 영위한다고 생각한다. 그는 조끼 단추 두 개가 열린 것을 발견하고는 '남대문'이 아닌 것을 다행스러워한다. 마침내 목욕탕에 가는 장면은 이 장에서 성적 무능을 암시하는 이미지의 절정을 이룬다. 그의 거창한 욕망은 자위행위(성행위의 막다른 단계)다. 그는 성기가 축 늘어진 채 물 속에 누워 있는 자신을 머릿속에 그려본다. 남성다운 자부와 남자다움과는 정반대의 모습이다. 열의도 없고 지친 블룸은 성행위에 대해 중대한 결정을 내릴 필요를 느끼지 못한다.

블룸이 '정상적인' 성행위를 고려할 때도 결과는 만족스럽지 못하다. 편지를 찾기 직전, 그는 들루가쯔 밖으로 따라나서지 '못했던' 우즈 부부의 하녀를 생각한다. 그가 그로스브너 호텔 앞에서 실크 스타킹을 신은 여자를 볼 때는 재수 없게 지나가던 전차에 가려지고 만다. 그는 전주 월요일 어떤 여자가 양말대님을 잡아당기는 모습을 놓쳤던 일화를 떠올린다. 그때는 그녀의 일행이 그의 시야를 가렸다.

마사의 편지에 골몰하고 있는 블룸의 모습을 통해 그의 성적인 문제와 다른 개인적인 문제들이 많이 밝혀진다. 블룸이 남에게 들키지 않으려고 지나칠 정도로 조심스럽게 구는 모습과 은밀한 편지를 읽으려고 매코이를 떨쳐 버리기 위해 필사적으로 노력하는 모습을 묘사하면서, 조이스는 희극적인 분위기를 자아내는 작가의 천재성을 생생하게 드러낸다.

마사의 입장에서 보면, 블룸처럼 이상스러운 애인도 없다. 그녀의 편지는 글귀를 반복하고 진부한 어투에 사소한 이야기를 늘어놓는 경향이 있다. 그녀는 소심하고 지나치게 알뜰한 블룸이 마지막 편지에 우표들을 동봉했던 것에 모욕감을 느낀다. 그녀는 그에게서 더 긴 편지를 원하며, 이를테면 거티 맥도웰, 아니면 오늘날 '현대적인 연애소설'의 여주인공들이 쓸 법한 어투로 편지를 쓴다. 마사는 확실히 서툰 타이피스

트인지라 문장 끝을 빼먹기도 하고, ('하데스' 장에서 한 번은
블룸이 기억하듯) "내 인내심이 바닥들 났어요"처럼 문법적
으로 틀리기도 한다. 그리고 그녀의 분명치 않은 성적인 언급
에서 몹시 불만이 많고 다소 가학적인 측면이 드러난다. 그녀
는 두 차례 블룸에게 벌을 주겠다고 위협하는데, 여기서는 가
학적인 조련사보다는 학대받는 서커스 소녀 루비처럼 보인다.
마사는 꽤나 직접적으로 블룸이 부부 생활에 만족하고 있지
않은 것 같으니 '그대를 위해 뭔가를' 해주고 싶다고 찔러본다.

마사의 편지는 다른 각도에서도 〈율리시스〉의 전반적
인 틀에 잘 맞아떨어진다. 그녀가 편지에 동봉하는 노란 꽃은
블룸이 헝가리 조상들에게 물려받은 이름인 '비랙'(꽃)을 연

상시킨다. 그녀가 언급한 두통은 '그녀의 장미꽃들'처럼 생리 기간을 암시하면서 그녀를 밀리와 몰리까지 연결시킨다. 블룸에게 편지를 받는 즉시 답장을 보내달라는 그녀의 요구는 궁극적으로 율리시스-블룸의 귀환을 암시하고, 블룸을 '음탕한' 사람이라고 부르는 핑계 ─ 그녀는 '저세상'을 좋아하지 않는다는 사실 ─ 는 그녀가 블룸을 비난하고 싶지 않다는 것인지, 아니면 외설스러움 때문에 지옥이나 연옥 같은 '저세상'으로 보내지고 싶지 않다는 것인지 그 모호함이 가히 조이스답다. (블룸 생각에) '세상(world)'은 '단어(word)'의 오자이며, 그가 지난번 편지에 담긴 불경스러움에 대한 언급일지 모른다. 마침내 "그땐 내가 다 말해 줄게요"란 문장은 블룸에게 T. S. 엘리엇의 시에 등장하는 J. 알프레드 프루프록의 모습을 멋지게 덮어씌우지만 직접적인 영향을 실제로 입증하지 못하는 것이 아쉽다. 그러나 블룸이 프루프록처럼 그 순간을 위기로 몰고 가지 않을 것은 분명하다.

'로터스 이터스' 장은 블룸의 성적인 불운과 아울러 〈율리시스〉 작품 전체에서 발전될 여러 개의 모티프를 소개한다. 그 중 하나는 광고로, 이를테면 블룸이 일하는 프리먼스 저널에는 자두나무표 통조림 고기가 없는 집은 집이 아니라고 단언하는 광고가 나오고, 짤막한 광고 노래에 동원된 단어들이 모두 예사롭지 않다. '고기 통조림을 만들다(to pot the meat)'는 성교를 가리키는 속어이고, 집은 그 제품이 있더라도 블룸에게는 아무 의미가 없다. 몰리와 보일런이 섹스를 끝내고 침대에서 자두나무표 통조림을 먹을 테니, 블룸으로서는 나중에 부스러기나 챙기게 생겼고, 게다가 이 광고는 스티븐이 '아이올루스' 장과 '이타카' 장에서 되뇌는 자두 우화의 전조가 된다.

역시 중요한 '스로어웨이' 모티프는 처음 밴텀 라이언스가 블룸이 자기에게 아스콧 컵 경마의 비밀정보를 흘렸다고 생각할 때 나온다. 나중에 '키클롭스' 장에서 블룸이 경마에서 돈을 땄을 것이라고 짐작하는 바니 키어넌 주점의 손님들은 블룸이 한턱 내지 않는 점을 의심쩍게 생각하고 블룸은 곤경에 처한다. 실상 블룸은 라이언스에게 프리먼 지를 건네며 버리려는 참이니 가져가도 좋다고 말했던 것이다.

우승마 이름 스로어웨이는 상징적 중요성을 지닌다. 배당 확률이 20 대 1인 검은 말이 보일런이 돈을 건 유력한 후보 셉터를 제치고 우승컵을 차지했기 때문이다. 조이스는 블룸이 당장은 몰리에게 '버려지고' 있을지 모르지만 결국은 남근을 상징하는 '홀(笏. scepter)'을 능가하리란 암시를 하고 있다. 블룸의 침실에 있던 보일런은 밤 8시가 지나 셉터가 졌다는 소식을 듣고 버럭 화를 내며 마권을 찢어버린다.

블룸에게 디그넘의 장례식에서 이름을 적어달라고 부탁한 매코이와 연관된 재미난 이야깃거리가 있다. 매코이는 등장하지 않지만 그의 이름은 (역시 장례식에 불참한) 스티븐

데덜러스와 나란히 신문에 난다. 블룸의 이름은 조문객 명단
에는 있지만 일부가 잘려나가 '엘 붐 L. Boom'으로 표기된다.
이름을 적어달라는 부탁으로 매코이는 블룸이 대적해야 하는
'음흉한 더블린 사람들'에 속하게 된다. 다행스럽게도 매코이
가 전당포에 잡혀먹을 목적으로 가방을 빌리는 수법을 익히
알고 있는 블룸은 남의 손이 타지 않게 가방을 잘 들고 자리를
빠져 나가 순회 음악회를 앞두고 몰리가 짐을 꾸리는 데 차질
이 없도록 한다.

Chapter 6

하데스

오전 11시, 샌디마운트. 사망한 패디 디그넘의 집 밖에서 이 장은 시작된다. 블룸은 마틴 커닝엄, 파워 씨, (작품에서 처음으로 얼굴을 내미는) 사이먼 데덜러스와 함께 마차를 타고 운구 행렬을 따라갈 참이다. 마차 안에는 소풍에 가져갔던 과자 부스러기가 여기저기 흩어져 있고, 가죽에는 곰팡이가 피어 있다. 마차는 집 창문에서 장례 행렬을 빠끔히 내다보는 노파를 지나친다. 블룸은 스티븐 데덜러스를 살짝 쳐다보고 다른 사람들도 그를 바라본다. 그는 장례용 모자를 쓰고 있다. 사이먼 데덜러스는 벅 멀리건이 자기 아들을 망치고 있다는 생각에서 큰소리로 욕을 해댄다. 마차는 (블룸이 보일런을 생각하고 있을 때) 보일런을 지나고 아이 시체를 담은 작은 관도 지나친다. 무덤가에서 장례식이 진행될 때 가톨릭 종교에 문외한인 블룸이 죽음에 대해 어떤 생각을 하는지 기록된다. 이 장은 (글래스네빈 공동묘지에서) 블룸이 변호사 존 헨리 멘턴에게 모자의 구김을 지적했다가 무시당하면서 끝난다. 멘턴은 17년 전 공치기 시합에서 (몰리 처녀가 지켜보는 가운데) 블룸에게 (운이 따르지 않아) 패한 적이 있는데, 그때 기분이 여전히 남아 있다.

마차 안에서 네 사람이 대화를 주고받을 때 여러 가지 주요 모티프가 나타난다. 예를 들어, 이런저런 얘기를 하던 파워 씨로 인해 블룸이 떠올리게 되는 아버지의 자살은 아버지-아들의 주제를 뒷받침하고, 루돌프 블룸이 아들 레오폴드에게 아토스(오디세우스의 충견 아르고스와 조응관계)를 부탁하는 장면은 신(god)-개(dog)의 개념을 암시한다. 알고 보면 '아토스(Athos)'에도 '테오스(theos)', 즉 신이란 뜻을 암시하는 단어가 포함되어 있다. 마차 안 조문객들은 아버지 루벤 J. 도드가 불륜 관계를 청산하라고 나무라자 물에 빠져 죽으려고 했던 그의 아들 이야기를 나눈다. 인색한 아버지는 아들을 구한 사공에게 수고비로 고작 플로린 은화 한 닢을 내놓았다고 한다. "1실링 8펜스씩이나 더 쓴 셈이로군"이라고 의견을 제시한 사이먼 데덜러스는 마치 구두쇠이면서 익살스러운 미코버 씨 같은 아버지의 전형이다. 무덤가에서 사람들은 비옷을 입은 정체 모를 열세 번째 조문객을 보게 된다. 그는 나중에 신문의 장지(葬地) 참가자 명단에는 들어 있지만 〈율리시스〉의 어디에도 모습을 드러내지 않는다.

〈오디세이〉와 이 장의 조응관계는 꽤 명확하게 드러나 있다. 시름에 잠긴 오디세우스가 그리스 신화의 하계(下界)를 방문하는 것은 블룸이 디그넘의 장지인 글래스네빈 묘지에 가

는 것과 대응되며, 다시 디그넘은 오디세우스의 부하 중 키르케의 궁전 지붕에서 떨어져 목이 부러진 엘페노르에 대응된다. 그리스 하데스에 강 넷이 있다면, 장지로 가는 마차도 도더 강, 리피 강, 대운하, 로열 운하를 지난다. 문상객이 건물을 지나치며 보게 되는 황량한 거리도 일종의 하데스에 다가가는 경로라고 볼 수 있다. 이 장의 등장인물을 살펴보면, 마틴 커닝엄은 그리스 신화에서 결실 없음을 상징하는 시지푸스[시시포스]에 해당한다. 커닝엄은 주정뱅이 아내가 진 빚을 갚느라 매주 토요일에 가구를 전당포에 잡히면서 살림을 꾸려가고 있다. 그리고 장례식을 진행하는 코피 신부는 케르베루스의 모습을 하고 하데스 입구를 지키지만 개 비스킷으로 달랠 수 있다는 점이 재미나다.

'하데스' 장에서 블룸은 철저히 외톨이로 그려져 있다. 그의 소외된 운명은 작가에 의해 주변 지인들이 본의 아니게 그를 별도로 취급하는 모습이 언급되면서 더욱 처량해 보인다. 그는 무리에 들지 않는 셈이다. 이 장의 도입부에서도 블룸을 국외자 취급하는 모습이 역력하다. 블룸(호칭도 데덜러스 씨는 사이먼이란 이름으로 불리지만 블룸은 성으로 불리는 점에 주목)이 아직 마차에 타지 않았으므로 "자 이제 다 타셨나?"라는 질문은 불필요하다. 더 말할 것도 없이 블룸은 마지막으로 마차에 탄다.

블룸이 마차에서 막 화제에 올랐던 단 도슨의 연설문을

찾으려고 신문을 훑어보려 할 때 데덜러스 씨가 바로잡아주는 대상도 블룸이다.(나중에 '아이올루스' 장에서 인용되고 논평이 가해진다.) 데덜러스의 거만한 비난에서는 고루한 스티븐 아버지의 면모가 드러나지만, 제대로 해내는 것이 거의 없는 실수투성이의 주인공답지 않은 주인공 블룸의 특징도 보여준다. 그러나 근본적으로 데덜러스의 말은 사회적으로 아랫사람에게나 할 만한 것이다. 그리고 다른 세 사람이 '더블린 최고의 악한' 보일런을 알아보고 인사할 때 블룸은 다시 마음이 쓰리다. 그저 자기가 존경하는 세 사람이 어째서 보일런을 좋아하는지 이해할 수 없어 당혹스러워 더더욱 불안한 소외감이 생긴다.

하인즈는 한 술 더 떠서 장례식을 마치고 블룸에게 '세례명'을 묻는다. 그(또 다른 제대로 된 더블린 사람)는 블룸의 대답에는 아랑곳 않고 '블룸'에서 'ㄹ'을 빼고 멋대로 고쳐 그의 이름이 신문 기사에 오르지 못하는 결과를 낳는다. 그리고 블룸의 말을 듣는 둥 마는 둥 하는 바람에 '매킨토시'로 발음되는 조문객의 이름이 생겨난다.(이 예화는 흥미롭게도 스로어웨이 실수 건을 답습한다.) 문상객은 매킨토시 코트를 '입은' 사람이지 이름이 매킨토시가 아니다. "이게 그 사람 이름이야?"란 하인즈의 물음에 블룸이 "아니오"라고 했는데도 그 말을 흘려들었던 것이다.

심지어 친구들이 블룸을 즐겁게 해주려 하지만 헛수고

다. 파워 씨가 다가오는 몰리의 순회공연 일정을 묻자 블룸은 보일런의 존재와 그가 몰리와 동행하지 못하는 이유, 즉 아버지 기일(1886. 6. 27.) 때문에 에니스에 머물러야 하는 사실을 떠올린다. 더구나 '마담'에 관한 잭 파워의 뜬금없는 질문은 아무 도움이 못 되고, 오히려 몰리를 창녀의 상징처럼 그려내는 분위기로 이어진다. 결국 좋은 뜻으로 블룸에게 마음의 문을 열려고 하면서도 자기들 편으로 쳐주지 않는 사람들에게 비위를 맞추려고 애쓰는 블룸의 처지만 딱해 보인다.

블룸과 세 사람 사이의 간극은 종교에서 가장 첨예하게 드러나고, 그 차이점은 디그넘의 죽음을 놓고 이야기할 때 현저히 나타난다. 파워는 디그넘이 갑작스럽게 죽었기 때문에 '불쌍한 사람'이라고 생각하지만, 블룸이 보기에는 이렇게 잠자면서 죽는 것은 최상에 해당된다. 눈이 휘둥그레진 세 사람은 말없이 블룸을 바라본다. 당연히 로마 가톨릭 교도들에게 돌연사는 최악의 죽음이다. 어쩌다가 지옥에 떨어질 죄를 지었다면 죽음을 준비할 시간, 즉 고백을 통해 사함을 받을 시간을 갖지 못했기 때문이다. 이론상 매독에 걸린 술 취한 더블린 사람이 잠을 자다가 저세상으로 갔다면 아마도 곧장 지옥으로 보내질 것이다. 자살로 종지부를 찍은 아버지의 지친 종말에 영향을 받았을 가능성이 높은 블룸은 말하고 자시고 할 죄를 지은 기억이 없다.

게다가 파워가 자살과 관련해 언급한 가톨릭 교리의

냉혹한 정통성에 반하는 신앙이 없는 레오폴드 블룸의 인간적 도리는 종교적으로 그와는 거리가 있다. 파워는 자살이 상상 가능한 최악의 죄이며 유족들에게도 오명을 남긴다고 여긴다. 데덜러스는 자살을 비겁한 행동이라고 믿는다. 인정 많은 커닝엄은 이렇게 귀에 거슬리는 의견을 누그러뜨리려고 동정적인 의견을 개진한다. 심지어 일시적인 정신착란으로 자살한 것이 아닐지라도 대죄(의지의 완전한 동의가 필요)가 되는 것은 아니지만, 우리 산 사람이 판단할 문제는 아니란 것이다. 이런 논쟁을 거치면서 자기 세계에 갇혀 있던 블룸은 〈율리시스〉 중에서도 가장 감동적인 생각을 펼쳐 보인다. "그들(아일랜드 사람들)은 무덤 속에 있는 자살자의 심장에 나무 막대기를 꽂곤 했다. 마치 그것이 아직 찢어지지 않은 듯."

　　　그러나 가끔씩은 일반에게 인정된 종교에서 벗어난 삶과 죽음에 관한 블룸의 무미건조한 '인문학적인' 명상은, 이 장 전체에 드리워진 죽음에 관한 섬뜩한 생각에 균형을 맞춰주고 유머를 잃지 않게 해준다. 블룸에게 심장은 박동기에 불과하고, 사실적인 그의 의견에서 현대 의학을 미리 보게 된다. 그는, 최후 심판의 날 깨어나라고 하면 '모두가 간과 눈과 나머지 부품을 찾아다니는 것'이냐며, 기독교 교리의 요체 가운데 하나인 육신의 부활도 받아들이지 않는다. 그리고 블룸은 죽은 나사로가 베다니아의 무덤에서 걸어 나오라는 그리스도의 명령을 듣고 "다섯 번째로 와서 기회를 놓쳤다"는 20세기

식 말장난 중 유명한 말을 한다.

덤덤하지만 마음씨 착한 블룸과 초연한 스티븐을 대비시키려고 조이스는 '하데스' 장과 '프로테우스' 장에 몇 가지 대응관계를 집어넣는데, 각각 생의 시작과 마침을 다룬다. '하데스' 장의 첫 페이지에서 마차가 자신을 지나치자 아직 자기가 죽을 차례가 아니란 의미에서 다행으로 여기는 노파는 '프로테우스' 장 첫 페이지의 플로렌스 매케이브와 그녀의 친구를 연상시킨다. 무덤가에 있는 둘둘 말린 관을 묶는 끈은 (죽은 자의) '탯줄'로 언급되는데, 스티븐이 에덴동산에서 쫓겨난 이후에 생긴 모든 탯줄을 전화선으로 은유해서 에덴동산으로 전화를 걸고 싶어하는 장면을 생각나게 한다. 그리고 사이먼은 아들이 고울딩 집에 다녀오는 길이라고 짐작하지만, 독자들이 알다시피 스티븐은 이 인척 '악당'을 방문하지 않았다는 부분에서 아버지-아들이란 주제가 나타난다. 데덜러스 씨가 업신여기는 리치 고울딩이 두목 격인데, '하데스' 장을 통해 독자는 그의 척추 통증이 술 때문임을 알게 된다. 몰리가 체중이 늘었지만 예전의 매력적인 '몸매' 그대로라는 블룸의 판단은 '프로테우스' 첫 문단에서 보듯 스티븐이 외양, 실체, 그리고 사물들의 모습을 놓고 이리저리 따져 보는 장면을 연상시킨다.

'하데스' 장에서 그 어떤 이미지보다 블룸의 불쌍한 처지를 잘 대변해 주는 것은 손톱이다. 블룸은 시체들의 손톱을 깎아 봉투에 보관하는 것에 대해 곰곰이 생각한다. 나중에 그 세 사람이 보일런을 칭찬하자 블룸은 자기 손톱을 쳐다볼 뿐이다. 그리고 디그넘의 시체가 관 밖으로 떨어지다가 손톱에 긁히면 피가 날까, 하는 생각도 한다. 이와 같이 손톱은 분명히 그리스도 중심적인 의미를 지닌다. 블룸은 분명히 '하데스' 장에서 십자가형을 받는 것이고, 선의의 친구들이 집행자인 만큼 그의 죽음은 유쾌한 일이 아니다. 그는 다른 사람과 그의 사이를 갈라놓는 골 때문에 현재와도 단절되어 있다. 그리고 그의 날인 블룸스데이에는 몰리의 정사가 시작되고, 그의 생각은 끊임없이 과거, 아버지 루돌프의 죽음, 아들 루디의 죽음으로 되돌아가기 때문에 그의 미래는 전혀 매력적이지 않다.

Chapter 7

아이올루스

이 장은 위클리 프리먼 앤 내셔널 프레스 지와 프리먼 스 저널 앤 내셔널 프레스 지의 사무실에서 정오에 시작된다. 모양 없이 뻗은 이 건물에 이브닝 텔레그래프 지 사무실도 들어와 있는데, 이들 신문의 사주는 같은 사람이다. 디그넘의 입관 후 장례 마차는 문상객을 더블린 복판에 데려다 놓고, 블룸은 알렉산더 키즈의 광고 건과 관련해서 신문사의 인쇄소로 직행한다.

이 장은 〈오디세이〉와 두 가지 점에서 상응된다. 호머의 서사시에서 아이올루스는 바람의 신으로 오디세우스에게 큰 은혜를 베푼다. 이타카로 돌아오는 길에 역풍을 만난 오디세우스를 위해 귀환에 도움이 되는 바람만 남기고 다른 바람은 모두 황소가죽 부대 안에 넣어 선물한다. 그러나 고향에 거의 다다를 무렵 오디세우스가 잠든 사이 부하 한 사람이 호기심 반 욕심 반으로 몰래 자루를 여는 바람에 아이올루스의 섬으로 되돌아오고 만다. 〈율리시스〉에서 큰 활자로 조판된 신문 표제는 매일의 소식을 꾸미는 허풍 가득하고 속빈 언론 보도를 희화화하는 효과가 있다. 블룸은 '집'이 보이는 곳—키즈 광고 건 교섭이 성공적으로 되고 있다는 의미—에서 키즈 상회 측 요구와 직속상관 마일리스 크로퍼드 편집장의 안달 사이에 끼어 광고를 얻는 데 실패한다.

'아이올루스' 장에서 펼쳐지는 블룸의 움직임 자체가 말하자면 파란만장한 방랑의 축소판이므로 독자는 주의 깊게 따라다녀야 한다. 이 장의 시작 부분을 보면 블룸이 키즈 광고 건으로 고생할 일은 없어 보인다. 레드 머레이는 신문지에서 이전 광고 문안을 오려내 건물 한쪽 벽에 자리 잡은 텔레그래프 사에 가져갈 블룸에게 건네면서, 프리먼스 저널이 키즈 측의 관심을 끌 만한 짧은 기사를 (공짜로) 게재할 것이라고 말한다.

그러나 문제는 블룸이 프리먼 지의 영업국장 나네티 시의원을 만나면서 시작된다. 이탈리아계인 나네티도 블룸처럼 국외자이나, 더블린 사람들이 그를 받아들이게 만들었고 시의원이 되었다.(나네티의 실제 주인공인 조셉 패트릭은 1906-7년 더블린 시장을 역임했다.) 나네티는 짤막한 키즈 관련 기사의 게재를 동의하면서도 키즈 쪽에서 먼저 3개월짜리 광고를 보장해야 한다는 조건을 내세운다. 블룸은 키즈가 킬케니 신문(킬케니 피플 지)에 나온 것처럼 열쇠 두 개가 교차된 수수께끼 그림으로 디자인을 바꾸고 싶어한다고 설명하고, 한 걸음 더 나아가 직접 그 디자인을 찾으러 국립도서관으로 간다.

스티븐 역시 그 시간에 도서관에 있는 것이 '스킬라와 카립디스' 장에 드러난다.

키즈의 사무실에 갔다가 그가 외출했으면 허탕을 칠 수도 있으므로 블룸은 전화를 걸어보기로 하고 이브닝 텔레그래프 사무실로 들어간다. 그곳에는 맥휴 교수, 네드 램버트, 사이먼 데덜러스가 있고, 나중에 (블룸이 배철러 거리에 있는 딜론의 경매장에 키즈를 찾으러 떠나기는 전) J. J. 오몰로이, 마일리스 크로퍼드와 레너헌도 들어온다. 블룸은 오몰로이가 들어올 때 출입문에 끼어 있고, 키즈 사에 전화를 걸고 나서 마침 들어오는 레너헌과 부딪친다. 블룸이 그 무리와 함께할 공간이 없다는 점은 상징적이다. 램버트와 데덜러스 씨는 근방의 오벌 술집으로 한잔 하러 가고, 블룸은 키즈와 이야기를 나누기 위해 자리를 뜬다. 신문 배달 소년이 블룸이 걷는 모습을 흉내 내자, 레너헌 역시 아이 같은 그들의 걸음을 흉내 내서 주인공의 뒤에 대고 마주르카의 춤동작을 한다. 블룸이 떠난 후 스티븐과 오머든 버크는 크로퍼드, 오몰로이, 레너헌, 맥휴를 보러 사무실로 들어간다.

이 대목부터 사태는 블룸에게 안 좋게 돌아간다. 그는 크로퍼드와 통화하려다가 사무실로 (맥휴로부터) 돌아오라는 말을 듣는다. (크로퍼드는 맥휴를 통해 블룸에게 지옥에나 가라는 전언을 남긴다.) 때맞춰 회사로 돌아온 블룸이 크로퍼드에게 말을 거는데, 하필 신문사를 막 떠나려는 참이다. 키즈는

재계약을 받아들이지만 3개월이 아니라 2개월이고 다른 신문
들에는 공짜로 실어달라는 조건을 내건다. 짜증스럽고 술 한
잔이 그리운 크로퍼드가 키즈에게 "내 잘난 엉덩이나 핥으라
고 해"라는 말을 전하라고 하자 블룸은 그 말을 심각하게 받
아들여야 할지 말지 어리둥절할 따름이다. 크로퍼드에게는 그
러한 줄다리기가 사소한 걸림돌에 불과하겠지만, 블룸에게는
키즈 광고 건이 그날의 주요 거래다. 요컨대 블룸은 오디세우
스의 귀환처럼 애매한 상태로 '돌아온다'. 그 후 오디세우스는
페넬로페에게 양해를 구한 다음 노를 짊어지고 바다를 본 적
없는 사람들이 사는 땅에 이르기까지 여정을 계속한다. 어깨
에 노를 멘 그의 모습은 블룸을 둘러싼 그리스도 십자가의 상
징과 겹쳐진다.

　　좌절한 블룸이 오가는 장면은 매일 만나는 사람들로부
터 소외된 그의 모습을 '하데스' 장보다 더욱 선명하게 보여
준다. (장엄한 분위기에서 전개되는 '하데스' 장에서는 그를
대하는 더블린 사람들의 반응도 가라앉아 있었다.) '아이올루
스' 장에서 블룸은 대개 무시당하거나 초라한 대접을 받는다.
그가 하인즈에게 빌려준 돈(3실링) 얘기를 '세 번째 내비춰'
보지만 소득이 없다. ("돈을 인출하고 싶으면 출납계원이 지
금 막 점심을 먹으러 나가려고 하니…") 블룸을 향한 나네티
의 반응은 윤전기가 돌아가는 소리보다 훨씬 더 간결하고 딱
딱 끊어진다. 블룸이 무리에 끼려고 신문 기사에 누구 말이 인

용되었는지(단 도슨의 연설문임) 묻자 맥휴가 최근에 발견된
키케로의 문구 단편이라고 모욕적으로 말하고, 데덜러스 씨는
글래스네빈 묘지로 가는 마차에서 블룸이 단 도슨의 연설을
읽는 것을 방해한 기억이 있어서인지 맥휴보다는 부드럽게 알
려준다. 그리고 레너헌이 블룸과 부딪치자 "죄송합니다, 신사
양반"이라고 한 말은 공손함을 가장한 조롱이다. 블룸은, 나네
티가 자신의 존재를 다시 알아차리기를 기다리고 서 있으면
서 자신은 더블린 사람들을 결속시키는 가벼운 농지거리나 경
미한 독설에 끼어들 만한 재주가 없다는 것을 깨닫는 듯한 모
습이다. 그는 멘턴에게 ('하데스' 장에서) 모자 주름 이야기를
꺼냈다가 무안당했던 일을 떠올리면서 우스갯소리를 넣지 않
았던 것이 못내 아쉽다. "낡은 모자 아니면 무언가에 관해 말
을 했어야 하는 건데."

　　이 장에서 벌어지는 주요 '문제'의 절반은 곤경에 처한
블룸이, 그리고 나머지 절반은 스티븐, 맥휴 교수, 오머든 버크,
크로퍼드와 여타 사람들의 대화가 차지하는데, 두 부분은 내
적으로 연결되어 있다. 신문사 사무실에 있는 그들은 막상 블
룸을 대수롭지 않게 대하면서도 과거의 죽은 영웅들은 숭앙한
다. 이처럼 공허한 '아이올루스' 장의 가장 큰 역설은 더블린
의 지식층인 교수, 신문사 편집자 등이 이해심과 자비심을 갖
춘 예의바른 아일랜드의 진정한 영웅 블룸을 거부한 채, 터무
니없는 것들을 좇고 있는 상황이다.

신문사 사무실의 대화에는 크게 세 가지 화제, 즉 단 도슨이 전날 밤에 했던 연설을 비웃는 이야기, 1882년 뉴욕의 한 신문에 피닉스 파크 살인 사건의 특종을 '터뜨린' 신화적인 기자 이그너티우스 갤러허에게 보내는 화려한 찬사, 1901년 웅변가 존 F. 테일러가 했던 애국적인 연설에 대한 깊은 존경심이 등장한다.

그런데 사이먼 데덜러스와 네드 램버트가 도슨의 연설에서 뽑아내 제대로 희화화시킨 광범위한 인용 부분에서는 에메랄드 섬*을 대하는 도슨의 진부한 태도가 잘 나타난다. 연설문의 상투적인 형용구는 아일랜드를 시냇물이 졸졸 흐르고 요정이 웃는 곳으로 그리고 있는 사람들의 글귀를 닮았고, 그 연설은 어깨를 으쓱하며 이 땅의 문제는 모두 '역사'의 잘못이라는 하인즈의 언급만큼이나 효과적으로 아일랜드의 문제를 대하는 관심의 통로를 막아버린다. 그런데 다른 사람의 얕은 견해를 비판하는 데덜러스와 램버트가 정작 자신들의 케케묵은 생각을 간파하지 못하는 것은 역설적이다.

그들이 피닉스 파크 살인 사건의 진상을 놓고 어쭙잖게 이야기하는 모습을 통해 조이스는 과거 사람들을 우습게 보는 태도를 내보인다. (무적단) 페니어 회원의 일파가 아일랜드 사람들을 억압한다고 여겨지는 두 고위 관리를 살해한 사

---

* **에메랄드 섬**(Emerald Isle)：아일랜드의 속칭.

건은 1882년 5월 6일 더블린의 피닉스 파크 총독 관저 근처에서 일어났다. 프리먼 지 기자였던 갤러허는 뉴욕 월드 지로부터 살인 사건 기사를 청탁받고 신문 발행인들에게는 3월 17일 자 주간 프리먼에 광고라며 기사를 썼고, 전화로 그 광고의 암호를 설명해 줌으로써 5월 6일 암살자의 이동 경로를 상세히 밝힐 수 있었다. 비록 모든 이야기가 거짓이라고 할지언정 조이스는 그 전설적인 기자가 실제로 암살 사건 발생 이전에 그 계획을 알고 있었다고 귀띔하는 것 같다.

어쨌든 조이스는 (그날 정오에 평소보다 술이 더 취한) 마일리스 크로퍼드를 위시한 언론인들이 실제 사건의 발생 연도(1882년)를 1881년으로 기록한 점을 들어 비난하고 있다. 조이스가 자신이 태어난 해인 1882년을 착각했을 리 없다. 조이스는 "작은 구름"이란 단편에서도 갤러허를 오렌지 넥타이를 매고 담배 연기에 휩싸여 파리의 무절제한 성행위 이야기나 꾸며내는 부정적인 인물로 그리고 있다.

　　존 F. 테일러의 연설은 아일랜드어의 부활 여부에 대한 논쟁의 일부로 다루어진다. 그 연설은 병에서 막 회복된 상태에서 즉흥적으로 이루어진 것이었다. 스티븐은 테일러의 연설에서 뽑은 인용문에 감동을 받은 나머지 그때는 아일랜드에 남아 조국의 궁극적인 찬미를 위해 노력을 경주할까, 하는 마음이 생기기도 한다. 물론 이것은 대망을 품은 작가에게는 피해야 할 유혹의 덫이다.

　　테일러의 인용 문구는 〈율리시스〉의 주요 주제들을 종합하고 있다. 영국이 아일랜드를 속박한 것은 이집트가 이스라엘을 노예로 만든 것에 비유되고, 영국의 이익에 굴복하도록 촉구한 아일랜드 사람들은 청년 모세에게 자유를 포기하도록 회유하려 했던 이집트 고위 성직자와 다르지 않게 본다. 맥휴 교수는 테일러 같은 애국자 이야기를 회상하면서, 그리스어―1922년 〈율리시스〉가 검열을 통과하고 세상에 나올 때는 표지가 그리스 블루(암청색)였다―가 아니라 로마 야만족의 언어인 라틴어를 가르쳐야 한다는 사실을 안타깝게 생각하고, 1904년의 영국인을 순수한 마음보다 청결한 신체에 더 관심을 두고 있는 고대 로마인의 화신으로 간주한다. 그들은 메시아, 이를테면 모세 같은 선지자가 나타나 아일랜드를 약속의 땅으로 이끌어야 한다고 생각하지만, (블룸처럼) 모세는 그곳에 들어가는 것이 허용되지 않았고 피스가 산 정상에서 그곳을 바라볼 수만 있었다.

테일러의 '시야'에 대한 스티븐의 대답은 자신의 '시야', 즉 '피스가 산에서 바라보는 팔레스타인' 또는 '자두의 우화'에 있다. 그의 의견에는 냉소가 심하지 않다. (그가 도착할 즈음 아버지는 자리를 떠났고) 호의적인 사람들 사이에 있기 때문인지 그의 태도는 다른 장에서보다 안정되고 공손하며 겸손한 인상마저 준다. 우화가 지닌 의미는 아주 분명하다. 두 노파―한 명은 짐작컨대 '프로테우스' 장에 등장한 플로렌스 매케이브일 법하다―가 동상이 놓인 발판으로 올라가서 넬슨 상을 올려다보려고 하다가 현기증을 느낀다. 그 상황에서 노파들은 수치스러운 더블린 아니면 제국주의적인 정복자 가운데 하나를 선택해야 하지만 양쪽 모두 기분 나쁜 일이다. 그들이 난간(실제로는 '장막') 아래의 도시를 향해 뱉은 자두 씨('stones')는 불모의 상징이고, 보일런의 (자두나무표) 통조림과는 대조적이다. 그리고 단전 사태가 더블린 생활의 중추인 전차의 동력을 끊어놓자 말 그대로 마비된 도시가 된다.

결국 '아이올루스' 장도 다른 장들과 마찬가지로 작품을 통괄하는 모티프를 통해 전개된다. 키즈 상회가 광고에 요구한 십자로 교차한 열쇠 문양은, '자치법'의 언급에서도 나타나듯 두 주인공에게 해결의 열쇠가 없는 곤경이 닥쳤음을 암시한다. 블룸은 식자공이 인쇄 활자를 반대로 심는 광경을 보고 아버지가 '하가다* 책'을 읽던 방식을 떠올린다. 레너헌은 골드 컵 우승마를 (결국 틀리지만) 셉터라고 점찍는다. 크로퍼드가 열쇠꾸러미 소리를 내면서 책상을 잠그는 것은 그날 오후 보일런과 몰리가 관계를 갖게 될 소리 나는 침대의 복선이 된다. 크로퍼드가 스티븐이 구제역에 대한 쪽지를 내놓았을 때 디지가 '뒤가 마려웠던 것'은 아닐까, 궁금해 하면서(스티븐은 '프로테우스' 장에서 시를 적느라 디지의 편지 귀퉁이를 찢었다.) 다시 창조와 배설의 주제가 암시되고 있다. 그리고 마침내 독자는 디지가 여성을 극도로 혐오하는 이유, 즉 아내가 잔소리꾼이란 것도 알게 된다.

Chapter 8
레스트리고니언스

　　이 장에서는 오후 1시부터 한 시간 가량 더블린 중심가를 가로지르는 블룸에게 일어나는 일을 다룬다. 신교 구호단체 사람이 (아마도 학생들 주려고) 사탕을 사고 있는 모습을 지켜보는 장면에서 시작, 보일런의 모습이 눈에 띠자 국립 박물관으로 슬쩍 들어가서 그리스 여신상의 항문을 훔쳐보는 장면으로 끝난다. 우울해 보이는 YMCA 청년 한 사람이 돌아다니던 블룸의 손에 (독자들에게 경주마 이름 스로어웨이를 연상시키는) 전단지 한 장을 건넨다. 블룸은 남루한 딜리 데덜러스(스티븐 여동생)를 보고 안쓰러워하며, 갈매기 먹으라고 밴버리 케이크 부스러기를 리피 강에 뿌려주고, 옛 연인 브린 부인(예전 이름 조시 파웰)을 만난다. 구름이 해를 가리자 그는 (다시) 우울해진다. 버튼 호텔 식당에 식사를 하러 갔다가 돼지 같이 먹는 손님들에게 질려 데이비 번 주점으로 가서 버건디 한 잔과 치즈 샌드위치를 먹는다. 나중에 블룸은 거리를 건너는 장님 소년을 도와준다.

　　호머의 서사시에서 오디세우스의 휘하 병사들이 식인

거인 부족 레스트리고니언에게 잡아먹히는 내용이 나온다. 먹는 이야기가 많이 등장하는 이 장에서는 그런 장면을 대부분 정떨어지게 그리고 있다. 이를테면, 버튼 식당의 손님들이 게걸스럽게 먹고 마시는 행위는 호머의 작품과 통하는 대표적인 예다.

블룸이 삶 속에서 이런저런 일을 접하며 느끼게 되는 감정을 보여주는 이 장의 첫 장면은 이 작품이 일상의 평범한 사건 뒤에 존재하는 인간성을 다루고 있다는 것을 상기시킨다. 길을 가던 광고 영업사원이 전단지를 받게 되는 대목도 없는 자의 입장을 생각하는 조이스의 큰 그림에서 중요한 의미를 지닌다. 전단지를 통해 광고 영업사원을 예수와 연결시키는 것. 마찬가지로 블룸은 '어린 양의 피'에 관한 YMCA 청년의 외침을 들으면서 자기 이름의 첫 부분을 떠올리며 "블루… 나 말인가? 아니겠지"라고 생각하고, 그가 관찰한 다른 세세한 일들도 비록 뚜렷한 '상징성'은 떨어지지만 인간적인 측면이 덜하지는 않다. 예를 들면, 보트에 붙은 바지 광고판, 주홍색 글씨가 새겨진 춤 높은 흰 모자를 쓴 사람들이 더블린을 돌아다니면서 위즈덤 헬리 문방구상을 광고하는 모습, 그리고 아버지가 술 마시러 간 사이 딜런의 경매장 밖에 서 있는 가엾은 배고픈 아이(딜

리)의 모습도 포착된다. 사실 블룸의 예리한 관찰력은 독자들
에게는 다행스러운 일이다. 세상을 바라보는 그의 시선을 통
해 오늘날 옛 더블린의 경관을 되살려볼 수 있기 때문이다.

블룸은 주변 사물을 날카롭게 관찰하고 있지만 생각은
끊임없이 임박한 보일런과 몰리의 정사로 돌아간다. 블룸이
아내 몰리와 함께했던 즐거운 시간들, 특히 아들 루디가 살아
있던 10년 전 (부부의 마지막 잠자리) 일들을 아무리 자주 생
각하더라도 보일런의 공포스러운 그림자가 현재를 뒤덮고 있
다. (루디 블룸은 1893년 12월 29일생으로 1894년 1월 9일에
죽었다. 아들이 죽은 이래로 블룸은 아내와 정상적인 성관계

를 제대로 못하고 엉덩이에 사정을 해왔다.) 한 번은 블룸의 머릿속에 성병과 연관되어 보일런의 존재가 획 스쳐간다. "혹시 그 자식이… 아… 설마 그렇진 않겠지?… 더 생각 말자." 데이비 번 주점에서 다시 노지 플린의 질문에 참담하게 술집 시계로 눈을 돌린 블룸은 이제 2시이니 밀회까지는 두 시간이 남았다는 것을 깨닫는다. 나중에 몰리에게 실크 페티코트를 사줄 생각을 할 때도 보일런의 모습이 떠올라 블룸의 기억에 서조차 온갖 육욕을 몰아낸다. "오늘, 오늘은 아무 생각 말자." 보일런 생각에 골몰하다보니 글래스네빈 묘지로 가는 길에 경험했듯 보일런을 보는 것 같다. 〈율리시스〉에서는 밀짚모자와 광 낸 구두가 보일런이 나타났다는 표시가 된다. 이 장의 마지막 부분에서 블룸은 그 표시를 보고 행운의 부적에 해당하는 레몬 향 비누—키르케 여신-마녀로부터 오디세우스를 안전하게 지켜준 마법의 풀 몰리—를 움켜쥐고 임시도피처인 도서관으로 들어간다. 블룸이 곧잘 "그때가 더 행복했어", "그때가 더 좋았는데"라고 하거나 과거에서 묻어나는 비애감을 한 마디로 가장 잘 표현한 "나. 그리고 지금의 나"라는 말로 비참한 현재와 과거의 행복을 비교하는 것은 놀랄 일이 아니다.

이 장의 첫 번째 '사건'은 블룸과 브린 부인의 만남인데, 그 자리에서 오고가는 세세한 이야기는 작품에 매우 중요하다. 남편 데니스가 반은 미친 상태라며 그녀가 들려주는 '스페이드 에이스가 계단을 걸어 올라가는 모습'에 관한 남편의 꿈은 헤인즈가 검은 표범과 벌인 악몽을 연상시키고, 검은 물체가 등장하는 두 꿈은 모두 하루 동안 상복을 입고 지내는 블룸의 모습을 미리 보여주는 역할을 한다. 의미를 알 수 없는 "U.P.: up"이란 표현이 담긴 엽서를 받은 데니스는 정체 모를 가해자에게 복수하려고 (디그넘의 장례식에 다녀온) 사무변호사 멘턴의 사무실로 향한다. 'U.P.'의 해석은 조이스가 미해결 과제로 남기고 있기 때문에 의문의 여지가 있지만 아마도 "너 끝장이다"랄지 "너 죽었어" 정도의 뜻이 될 것이다. 블룸이 사흘 동안 산고에 시달리는 마이너 퓨어포이('순수한 신앙') 부인에게 보이는 관심은 그의 착한 마음씀씀이를 알려주는 동시에 창조와 탄생이란 주제로도 연결된다. 그런데 블룸은 그녀의 이름을 "매첨의 탁월한 수완"의 작가 필립 뷰포이와 혼동한다. 블룸은 '칼립소' 장에서 그 이야기의 한 페이지를 반으로 찢어 (밑을 닦는 데에) 쓴 적이 있다. 마침내 실제로 미친 사람처럼 옷을 입은 램포스트 파렐이란 더블린의 괴짜가 미신을 믿듯 항상 죽 늘어선 가로등의 바깥쪽을 따라 걷는 모습이 데니스 브린의 광증과 짝을 이루면서 뒤틀린 더블린 사회의 모습을 희극적으로 그려내고 있다. 그러나 더욱 중요한 점은 삶의 광기가 브린 부인에게 끼친 무시무시한 희생인데, 정작 블룸은 세파에 찌든 그녀가 기껏해야 몰리보다 한 살 정도나 많을까, 하는 사실에 놀란다. 따라서 블룸은 물론, 브린 부인도 "나. 그리고 지금의 나"란 슬픈 주제에 들어맞게 된다.

브린 부인과 헤어진 블룸이 아이리시 타임스 사무실을 지나면서 마사 클리퍼드와의 만남으로 이어진 광고를 떠올리는 장면에서 독자는 중요한 배경 지식을 얻는다. 블룸은 아이리시 타임스의 광고에 대해 이미 검토한 44통의 응답 이외에 다른 연락들이 들어왔을 것이라고 생각하면서도 '그것들이 잦아들도록 내버려두기로' 결정한다.

원래 광고는 '문예 저작을 하는 신사를 도와줄 멋진 숙녀 타이피스트 구함'이었고, 블룸은 광고를 보고 찾아왔던 리찌 트위그를 생각한다. (시인인) 그녀는 다음 장에서 주요 인물로 떠오르는 시인이자 접신론자(接神論者)인 '명사 시인 A. E.' 조지 러셀에게 호평을 받은 적이 있지만 '보수적인' 블룸에게는 너무 집시풍이랄까 사이비 예술가 같은 생각이 들었다. 그리고 얼마 지나지 않아 블룸은 러셀이 리찌 트위그일지 모르는 여자와 자전거를 타는 광경을 보게 된다. "다가올 사건(보일런의 모습을 보는 것)이 그림자를 미리 드리우는 형국이로군."

버튼 호텔에서 사람들이 침을 흘리며 게걸스럽게 먹는 모습을 보고 식사를 제대로 못한 블룸이 데이비 번 주점을 찾은 장면에서 독자들은 그의 됨됨이에 대해 많은 것을 알게 된다. 버건디 한 잔과 치즈 샌드위치로 잠시 기운을 차린 블룸은 1888년 봄인지 여름에 호우드 언덕에서 더블린 만을 내려다보며 몰리가 청혼에 응하던 순간을 생각한다. 앞으로 여러 차례에 걸쳐 일부분씩 나오는 이러한 낭만적인 회상은 독자에게 아직껏 드러나지 않았던 블룸의 모습을 보여주고, 정서적으로 기진맥진한 블룸이 막지 못하는 몰리와 보일런의 성적 결합은 블룸을 이해하는 데 더더욱 중요한 역할을 한다. 비평가들은 몰리가 (생명의) 씨앗이 든 과자를 따스하게 잘 씹어 블룸의 입으로 넘기는 장면의 묘사를 두고 종종 그럴싸하게 프로이트 식 분석을 했지만 이 '에덴동산'에서 나타나는 블룸의 그림은 어머니에게 '음식을 받아먹는' 아들이 아니라 똑같은 감정을 다른 인간에게 불어넣을 수 있는 생기 넘치고 열정적인 연인 이다. 독자는 관능적인 몰리 주변에 구혼자들이 많았어도 정 작 결혼한 사람은 블룸이었다는 사실을 잊지 말아야 한다.(블 룸은 분명 잊지 않고 있다.) 호우드 언덕의 야생 고사리 덩굴 아래서 몰리와 행복에 젖었던 순간이 없었더라면 때때로 블룸 은 거의 우스꽝스러운 인물로 여겨질 수도 있다. 적어도 16년 전(어쩌면 지금도) 몰리가 마음속 깊이 품은 그에 대한 사랑 이 블룸의 인물 묘사에 반드시 필요한 깊이를 더해 준다.

블룸이 화장실 가려고 자리를 비운 사이에(《더블린 사 람들》에 수록된 단편 "짝패들"에 처음 나왔는데, 늘 코를 킁킁 거려서 그 같은 별명을 얻은) 노지 플린과 데이비 번의 대화 에서 블룸의 긍정적인 측면이 하나 더 드러난다. 플린은 블룸 이 '조합에 가입한' 프리메이슨 단원이라고(그러니 더블린 가 톨릭 사회에서 즉시 몰아내야 한다고) 말하면서도 블룸은 착

한 사람이고, 두 사람도 입을 모아 그의 금주 습관("전능한 신
도 그를 술 취하게 못할 거야.")과 베풀 줄 아는 마음("불쌍한
사람을 도와주려고 망설임 없이 기부할 사람으로 알려져 있
지.")을 칭찬한다. 두 번째 칭찬은 '키르케' 장에서 블룸이 병
사 카아에게 맞아 땅에 쓰러진 스티븐을 도와주는 행위를 예
시하기 때문에 특히 중요하다. 번과 플린은 블룸이 '어디에 서
명하는 것', 즉 계약서 작성이나 서면동의를 내키지 않아 한다
고 말하면서도 ("점잖고 조용한 사람이지"라며) 전반적으로
블룸을 좋게 본다. 그러나 이렇게 잠시 자리를 비운 틈에도 오
해를 받고, 그곳을 떠나자 밴텀 라이언스는 다시 한 번 블룸이
골드 컵 경마 정보를 흘리고 다닌다는 유언비어를 퍼뜨린다.

Chapter 9
스킬라와 카립디스

　　이 장은 오후 2시부터 3시 사이에 더블린 국립도서관에서 일어난 이야기를 다룬다. 여기서 스티븐은 셰익스피어와 〈햄릿〉에 관한 이론을 깊이 파고드는데, 이 이론은 원래 '텔레마코스' 장에서 멀리건이 하인즈에게 설명해 주라고 제안했던 것이다. 스티븐 자신조차 셰익스피어와 심지어 〈햄릿〉에 관한 자신의 이론을 믿지 않는다고 말함으로써, 훌륭하지만 난해한 그의 이론이 더욱 이해하기 곤란한 것으로 되고 만다. 그의 표현대로라면, 도서관 안에서 사람들에게 이론을 설파하는 것조차 '연극'이다. 그런 연유로 이 장이 셰익스피어의 사적인 삶은 많이 알려주지 않지만, 스티븐 자신, 특히 '부성(父性)'에 대한 집착에 관해서는 아주 많이 보여주고, '부자 관계'란 주제를 분명히 다루고 있다. 예를 들면, 이 장 말미에서 스티븐과 멀리건이 도서관 계단을 막 내려오려는 찰나, 블룸이 그 둘 사이를 지나가면서 그들을 갈라놓는 상징적인 행위는 〈율리시스〉의 다른 분리 행위들을 예고할 뿐만 아니라, 나이든 블룸을 젊은이, 특히 스티븐과 연결시킨다.

　호머의 서사시에서 머리가 여섯 개 달린 괴물 스킬라와 카립디스란 소용돌이 사이를 통과해야 했던 오디세우스는 여신 아테나의 충고에 따라 스킬라가 있는 절벽에 바싹 붙어 항해한다. 카립디스 쪽으로 가면 큰 재난을 입을 것이란 이야기를 듣고 결국 스킬라의 입 하나에 부하 한 명씩을 잃는 쪽을 택했던 것. 〈율리시스〉에서 소용돌이는 주로 신비주의와 플라톤 철학과 감정적인 아일랜드 민족주의의 대표자인 시인 A. E.(조지 러셀)를 지칭한다. 그리고 말하자면 스킬라가 되어 반대자들의 주장을 계속 물어뜯는 스티븐은 날카롭고 예리한 아리스토텔레스적인 정신의 소유자로서, 멀리건이 농담조로 지

칭하듯 킨치, 즉 칼날이다.

조이스는 스티븐을 오디세우스-율리시스(블룸)의 '적'인 스킬라에 비유함으로써 호머적인 조응관계를 더욱 복잡하게 만든다. 어떤 의미에서 보면, 까다로운 논리를 지닌 스티븐은 보다 세속적이고 실리적인 블룸에 맞서는 축이라고 할 수 있다. 〈율리시스〉의 후반부에서 조이스는 두 사람이 만족할 만하거나 지속적인 관계를 형성할 수 없다는 점을 보여주고, 스티븐을 전반적으로 호머적인 상황 속에 집어넣어 그 자신의 인생 항해(오디세이)를 경험해야 한다는 점을 암시한다. 즉 몸과 영혼, 정신과 육체, '심오하고' 숭고한 생각들과 평범한 관심사들을 연결시키기 위해 노력해야 하는 것이다. 마지막으로 머리가 여섯 달린 스킬라를 스티븐과 논쟁하는 여섯 명─리스터, 베스트, 러셀, 이글링턴, 멀리건, 그리고 셰익스피어에 관한 자신의 이론이나 종교적 가르침을 포함해서 지금까지 살아오며 맞닥뜨린 다양한 '이론'들을 믿지 못하는 자기 불신의 회의론자인 스티븐 자신─과 연관짓는 점은 수긍할 만하다. 이 장은 국립도서관 관장인 퀘이커교도 토머스 윌리엄 리스터, 영향력 있는 영국계 아일랜드 수필가이자 단명한 잡지 다나의 편집자 존 이글링턴, 러셀과 스티븐이 미학, 신진 아일랜드 작가 및 기타 문제들에 관해 논쟁하는 것으로 시작하고, 곧 국립도서관 부관장 리처드 I. 베스트가 합류한다. 러셀이 자리를 떠나면서 이 장의 도입부가 끝난다.

셰익스피어 이론을 설파하기 시작한 스티븐의 의식 속으로 다른 생각들이 끼어든다. 예를 들면, 자기 이론을 존 이글링턴이 '연장자의 독설'로 제압하려 한다는 것을 눈치 챈 그는 〈젊은 예술가의 초상〉(이하 〈초상〉) 제5권에 등장하는 친구 크랜리의 방식으로 짐짓 미소를 지어 맞서기로 하는 것. 이어서 그는 쉽 주점의 멀리건 앞으로 보낸 점심 약속 취소 전보를 생각한다. 헤인즈에 대한 말이 나오자, 스티븐은 헤인즈의 담배를 피우면서도 줄곧 그를 홀대했던 것이 죄스럽게 느껴진다. 스티븐은 러셀이 음식 값으로 빌려준 돈─창녀 조지나 존슨에게 썼음─을 생각하고, 남자에게 가장 훌륭한 자랑거리는 무엇보다 '빚지지 않고 사는 것'이란 디지 교장의 훈계('네스토르' 장)를 떠올린다. 그의 생각은 클롱고스 우드 칼리지 시절 회초리에 맞은 일의 부당성을 인정해 준 '아버지 같은 인물' 콘미 신부 (〈초상〉 제1권), 다시 러셀에게 진 빚, 그리고 그 유명한 말장난, 'A.E.I.O.U.'로 이어진다. 이처럼 죄의식 분위기 속에서 그는 다시 어머니의 죽음을 떠올리는데, "나는 혼자 울었다"는 독백을 통해 독자는 그가 어머니의 기도 부탁은 까탈스럽게 거절했지만 어머니를 위해 진심으로 울었다는 것을 알게 된다. 스티븐은 몇 살 연상인 앤 해서웨이가 젊은 셰익스피어를 유혹했던 일화에 관해 말하면서, 어느 풍만한 처녀, '회색 눈의 여신'이 옥수수 밭에서 자신을 '자빠뜨릴지' 궁금해 하며 상상의 나래를 펼친다. "그러면 내 차례는? 언제일까?"

스티븐의 상황에 담긴 애환은 러셀이 농민 잡지 아이리시 홈스테드 — 스티븐에 따르면 '돼지 신문'에 불과 — 사무실에 가기 위해 자리를 뜨면서 나누는 무미건조한 인사말들 속에서 뚜렷하게 나타난다. 논쟁 주역들은 소설가 조지 무어의 저택에서 그날 저녁 열릴 예정인 더블린 문학 인사들의 회합에 관한 말을 나누는데, 스티븐은 빼고 멀리건이 초대받으면서 무어로부터 헤인즈와 함께 오라는 특별 부탁까지 받았던 것이다. 이어서 그들은 러셀이 편집하는 '신진 시인 선집'에 대해서도 의견을 교환한다. 결정적으로, 스티븐은 기고 요청도 받지 못했다. 패드레익 콜럼과 셰머스 오설리번 등 떠오르는 젊은 시인들의 시를 모은 56쪽 분량의 그 시집은 〈새로운 노래들 *New Songs*〉(1904)이란 제목으로 실제 출판되었다. 특히 콜럼의 36행짜리 시 "소몰이꾼 The Drover"을 도서관의 토론자들이 거론하고 있다. 그들은 데일리 익스프레스지 — 조이스의 단편 "죽은 사람들 The Dead"에서 가브리엘 콘로이가 문예비평을 기고하던 신문 — 에서 이 선집을 띄워주기를 바라고 있다.

조이스는 이러한 잡담을 통해 스티븐이 다른 사람들로부터 동등하게 대접받지 못하고 있다는 점을 드러내고 있다. 블룸처럼 스티븐도 외톨이인 것. 이렇게 해서 두 사람의 공통점이 한 가지 더 추가된다. 주변 친구들은 대놓고 두 사람을 적대적으로 대하지는 않는다. 다만 동등하다고 생각하지 않을 뿐이다. 러셀은 스티븐에게 친절하지만 분명히 선심 쓰는 척하며 "우리는 필자가 쌔고 쌨다"는 점을 상기시킨 후에야 디지의 편지가 게재되도록 힘써보겠다고 약속한다.

다시, 러셀이 떠나면서 건네는 말들은 조이스가 예술적인 목적을 달성하기 위해 배경 자료들을 얼마나 현란하게 변화시키는지를 잘 보여준다. 예를 들어, 〈새로운 노래들〉은 1904년 4월 출판되었는데, 조이스는 그 날짜를 다르게 해서 출판이 곧 임박한 것처럼 꾸며 스티븐이 그 책에서 제외된 것으로 만들고, 스티븐이 까다롭게 굴면서 러셀의 잡지를 비하했음에도 불구하고 실제 조이스는 1904년 아이리시 홈스테드에 세 편의 단편을 게재한 사실이 있다.

이렇게 보면, '스킬라와 카립디스' 장의 첫 부분에서 스티븐은 켈트 문화 신봉자들이 민족 이미지를 회복시켜줄 것이라고 믿었던 아일랜드 문예부흥 운동 세력에서 분명히 제외되어 있다. 그의 견해는 1893년 〈코노트의 연가 *The Love Songs of Connacht*〉에서 영감의 원천을 서부 아일랜드 시골 사람들의 다듬어지지 않은 열정과 언어에서 찾았던 더글러스 하이드의 관점과 완전히 달랐던 것이다. 스티븐은 희곡 〈골짜기의 그림자 *In the Shadow of the Glen*〉(1903)에서 남편을 버리고 장돌뱅이와 살기로 하는 아내를 등장시켜 사랑 없는 아일랜드의 결혼 실상을 사실적으로 제시해 크나큰 파장을 몰고 왔던 존 밀링튼 싱도 과도하게 칭찬하지 않는다.

스티븐과 대화 상대방 사이의 간극을 일단 알고 나면, 수수께끼 같은 그의 셰익스피어 이론이 다소 비밀스럽다는 점이 이상스럽게 여겨지지 않는다. 독자들은 이미 눈치 챘겠지만, 그의 이론은 분명히 리스터의 이론과 다르다. 퀘이커교도인 도서관장 리스터는 1796년판 괴테의 〈빌헬름 마이스터의 수업시대 *Wilhelm Meister's Apprenticeship*〉를 인용, 햄릿의 문제들은 그의 부조리한 성격과 그가 '무기력한 몽상가'란 사실에서 연유한다고 믿는다. 괴테는 20여 년 후의 영국 시인 콜리지처럼, 햄릿을 자신의 미묘한 성격에 너무 침잠한 나머지 '사나이답게' 행동하지 못했던 예민한 왕자라고 여겼다.(물론, 괴테와 콜리지는 모두 극에서 햄릿이 실제로 여러 사람을 살해했다는 점은 간과하고 있다.) 현대 해석가들은 셰익스피어의 전기적인 자료를 자세히 볼 권한이 없다고 주장하는 러셀은 복잡한 스티븐과 비교하면 결국 순진해 보인다. 그는 햄릿이 에섹스 공이나 제임스 1세를 허구적으로 가공한 인물인지의 여부는 문제 삼지 않고 '형식 없는 영혼의 본질'만 중요하게 여기기 때문에 '위대한 인물의 가족생활을 엿보는 것'에 반대한다. 그러나 아일랜드 문예부흥 운동을 소모적인 환상으로 간주했던 조이스의 러셀에 대한 묘사를 단순한 풍자 정도로 해석한다면, 햄릿이 '자신에 관한 책을 읽으면서' 걸어 다녔다고 믿는 프랑스 시인 말라르메의 인용을 쉽사리 잊어서는 안 된다. 그는 "몽상가 Le Distrait"란 부제가 달린 〈햄릿〉 공연 포스터를 염두에 두고 말하는 것이다.

어머니를 포함한 과거의 혼령에 사로잡힌(오디세우스가 하데스에서 어머니를 만나는 장면과 조응) 스티븐은 셰익스피어를 귀신이 되어 아들 앞에 나타났던 덴마크의 햄릿 왕과 흡사하다고 믿고, 자기 이론을 소개하기 위해 "연극이 시작된다"며 셰익스피어 시대의 글로브 극장 모습을 설명한다. 이 방식은 신자들이 영적 신비가 나타나는 장소를 그려보도록 예수회의 창시자인 성 이그너티우스 로욜라가 저서 〈영혼 단련 *Spiritual Exercises*〉에서 사용했던 '장소의 구성'이란 기법이다. 예를 들면, 신참자는 가브리엘 천사가 나타나 마리아가 처녀임에도 곧 신의 어머니가 될 것이라고 알리는 장면에서 마리아가 입었던 옷을 상상해 보고, 그 천사가 어떤 모습일지 그려보도록 지도받는다. 조이스는 〈초상〉 제3권에서 지옥을 묘사할 때, 회화적 세부 사항을 살려주는 이 방법을 동원했으며, 스티븐은 이 장에서 이 기법을 구사하고 있다.

스티븐의 구도에 따르면, 이미 전문적으로 연극 활동을 많이 했던 셰익스피어가 직접 그 걸작을 초연할 때 귀신 역을 맡았으며, 더구나 그의 아들인 햄닛이 살아 있었다면 주인공과 동갑이고, 햄닛-햄릿 역은 위대한 비극 배우 리처드 버비지가 맡았는데, 그렇게 되면 결국 셰익스피어가 그에게 말을 건넨 셈이 된다. 따라서 상징적으로, 셰익스피어는 앤 해서웨이 셰익스피어(거트루드)의 성적인 일탈에 관해 '아들'에게 말하는 것이 된다.

스티븐의 이론에서 가장 중요한 부분은 벅 멀리건이 등장하기 전에 개괄적으로 말하다가 멀리건이 그 추론들을 비난하자 더 세부적으로 발전된 결론부일 것이다. 결론 중의 하나는 앤 해서웨이가 유혹했다가 나중에 불륜관계를 맺어서 입힌 마음의 상처에서 셰익스피어가 끝내 회복되지 못했다는 점이다. 따라서 조이스는 스티븐을 통해 〈햄릿〉이 성적 심리극이란 주장이 유행하기 전에 이미 햄릿 왕은 첫째는 배신당한 남편이고 그 다음이 살해당한 군주라며, 그 같은 입장을 견지했다. 아버지의 죽음 때문에 햄릿 왕자는 '왕위를 빼앗기게' 되고, 집과 왕국의 상실은 말하자면 지위를 침탈당하고 열쇠를 잃어버린 두 영웅 스티븐과 블룸이 겪는 상실과 상응관계를 이룬다. (물론, 배신자 거트루드는 몰리 블룸과 조응한다.) 〈햄릿〉 논쟁의 초반에서 유추할 수 있는 두 번째 결론은 셰익스피어의 후기 작품들이 다룬 화해 개념을 둘러싼 스티븐의 멋진 논리 전개에서 살펴볼 수 있다. 스티븐은 화해가 이루어지기 위해서는 불화가 먼저 있어야 된다고 주장한다. 그때 멀리건이 도서관으로 들어오자 사람들의 관심이 그에게 쏠리고, 스티븐은 셰익스피어의 인생에서 가족과 친구 사이에 있었던 불화들을 곰곰이 생각한다.

여러 페이지에 걸쳐 나오는 설명이 조이스의 주요 주제들을 다루고 있기는 하지만, 멀리건과 블룸의 등장은 복잡다

단한 스티븐의 논쟁으로부터 잠시 벗어날 수 있는 매우 적절한 희극적 완충효과를 제공한다. 벅 멀리건이 위풍당당하게 등장하기 직전, 스티븐은 〈햄릿〉에 대해 '아들은 아버지와 동체'라고 요약한다. 따라서 셰익스피어는 햄릿 왕이자 동시에 햄릿 왕자도 될 수 있으며, 암시적으로는 조이스도 스티븐이면서 동시에 블룸이 되는 것이다.(스티븐은 1904년 당시의 조이스와 같은 스물두 살이고, 블룸 또한 〈율리시스〉의 주요 부분들이 집필되던 당시의 조이스 나이인 서른여덟 살로 등장한다.) '앙트락떼 entr'acte'란 용어는 막간 휴식을 지칭하는데, 멀리건의 불경스러운 유머는('텔레마코스' 장) 중세의 '막간극'이나 〈햄릿〉의 무덤 파는 사람들 장면에 나오는 경건함과 천박한 익살의 조합과 유사하다.

멀리건의 경멸은 예를 들면, "내가 그 이름을 아는 것 같다"란 대목에서 셰익스피어, 예이츠가 공들여 아이스킬루스에 비유했다는 점에서 싱[*], 모든 실체를 신비적·전기적 사실로 해석한 점에서 스티븐(멀리건이 토론실로 들어오면서 듣게 되는 "숙모는 허울뿐인 네 아버지를 방문하실 거야"란 말은 동질의 부성에 관한 스티븐의 생각을 희화화한다.), 그리고 심지어 멀리건이 알아차리듯 블룸이 유대인이란 점에서 블룸에게도 똑같이 해당된다. 영원한 패자이자 아일랜드의 찰리

---

* **싱**(John Millington Synge, 1871-1909): 아일랜드의 극작가. 대표작 〈애런 제도 *The Aran Islands*〉.

채플린인 가련한 블룸은 한 번 더 패배한다. 한껏 주의를 기울였지만 박물관 여신의 항문을 응시하는 모습이 목격된 것! 그것도 벅 멀리건에게. 멀리건은 블룸이 킬케니 피플 지의 자료를 검색하려고(키즈 광고 도안을 찾기 위해) 작성한 카드에 적힌 이름을 보고는 갑자기 스티븐을 향해 말하면서 〈율리시스〉에 나오는 여러 요소들을 함께 엮는다. "그는 자네를 알고 있어. 자네 아버님(사이먼, 아버지-아들이란 주제)도 알고 있지. 오, 나는 두려워. 그리스인들보다 더 그리스적인 사람이거든(남색가란 점과 그리스인 오디세우스를 연상시킨다.) 창백한 갈릴리 사람 같은 그의 눈이(예수에 상응하는 블룸) 그 여신의 몸 중앙 홈에 가 있었어."

그러나 멀리건은 스티븐이 점심에 만날 수 없다고 보낸 전보에서 스티븐의 기지를 발견해 칭찬할 때는 찬탄할 만한 쾌활함을 보여주기도 한다. 멀리건은 전보를 '교황칙서'라고 불러 타락한 예수회 신도 스티븐을 떠올리게 하면서도 그 전보를 보낸 것은 '놀라운 영감!'이라고 생각한다. 그 전보에 담긴 감상주의자에 대한 인용문은 조지 메러디스의 〈리처드 페브럴의 시련 *Ordeal of Richard Feverel*〉(1859)의 한 구절이다. 그것은 필시 문학 작품의 문구들을 즐겨 빌려오는 멀리건의 습관뿐만 아니라 전통을 웃음거리로 삼고 심각하게 보지 않는 거부의 자세를 언급한다.

메러디스와 전보에 대한 언급이 있기 전에 일어나는

훨씬 중요한 논쟁에 멀리건이 참여하지 않는다는 점은 의미심장하다. 이 자리에서는 오스카 와일드의 〈W. H. 씨의 초상 *Portrait of Mr. W. H.*〉(1889)에 대한 논의가 벌어지는데, 이 책은 셰익스피어가 소네트들에 영감을 주었다고 말한 'W. H. 씨'는 실제로 윌리 휴즈라는 소년 배우였다고 주장한다. 물론, 소네트의 배후에 숨은 비밀을 언급하는 일은 조이스에게는 새삼스러운 것이 아니지만 동성애자 와일드에 관한 이야기가 거론될 때 멀리건이 말을 하지 않는 이유가 궁금하다. 어쨌든 스티븐에게 블룸의 성적 취향을 조심해야 한다고 익살맞게 넌지시 말한 멀리건의 동성애 가능성을 놓고 많은 비평가들이 애를 먹고 있기도 하다.

멀리건의 막간극이 끝난 후 스티븐은 셰익스피어에 관한 이야기를 이어가며 앤은 장기 출타중인 남편의 귀향을 기다리며 스트랫퍼드에 남아 있던 정숙한 페넬로페가 절대 아니라고 여긴다. 스티븐은 셰익스피어가 남색가라는 소문과 런던 창부들과의 연애는 원인이라기보다는 현상으로 무시하고, 시인의 삶에서 커다란 상처는 결혼 후 앤이 배반했을 때라고 주장한다. 그 근거는 이 장의 초반에 두 가지로 암시된다. 셰익스피어가 34년간의 결혼 생활중 앤을 언급한 적이 없다는 사실과 첫 번째 유언장에서 그녀를 배제시키고 두 번째로 좋은 침대만을 유산으로 남겼다는 사실이다. 논의가 '두 번째로 좋은 침대'를 중심으로 지루하게 돌고 돌자 스티븐은 무운시 형식을 빌려 약간 '정신이 없는' 존 이글링턴에게 설명하고, 그토록 부유한 극작가로부터 그 같은 유산을 받았다는 것은 그녀에게 치욕이었을 것이라고 지적한다.

셰익스피어조차 스티븐의 비판적인 검토 대상에서 비껴가지 못한다. 셰익스피어는 여러 모로 지극히 편협했고, 매우 인색했으며, 샤일록과 이야고가 어느 정도는 자화상이라는 것. 그는 반유대주의와 신세계 탐험 항해 같은 대중적인 (그리고 '보수적인') 명분에 편승하기도 했는데, 그 가운데 버뮤다 항해는 〈템페스트 *Tempest*〉에 영감을 준 것으로 알려져 있다. 게다가 '자기 것을 빼앗아가는' 형제인 리처드와 에드먼드에게 느꼈던 모종의 적대감을 변형시켜 작품에 담았고, 다부진 체격의 길버트는 아예 무시해 "극장 소시지가… (그의) 영혼을 가득 채웠다"고 묘사했다.

스티븐에 따르면, 셰익스피어의 작품에서 리처드 셰익스피어는 구제받을 수 없는 악당 리처드 3세이고, 에드먼드는 〈리어 왕〉에 나오는 글로스터의 서출로 말 그대로 아들 자리를 빼앗아간 인물이다. 〈리처드 3세〉의 마지막 네 개의 막은 추한 리처드와 앤 부인의 연애를 다룬 1막에 덧붙여진 것에 불과하며, 셰익스피어의 자전적인 언급이 분명히 보인다는 사실에서 중요한 의미들을 추론해낸다. 그리고 〈리어 왕〉에서 에드먼드를 축으로 전개되는 부차적인 이야기는 실제로 고대 켈트 신화와 전혀 관계가 없다는 주장도 한다.

이어 셰익스피어에 관한 그의 생각은 인간 심리의 다양한 측면과 영혼의 문제, 이를테면, 성삼위일체 구성체들의 성령 발현, 과거와 현재의 관계, 늘 그 자신에게로 돌아가는 변화의 속성("우리는 우리 자신을 통해 걸어간다…"), 사랑의 영원성까지 아우르지만 그 근저에는 삶에서 자기 위치를 찾아보려는 고뇌에 찬 노력이 깔려 있다. 어머니는 돌아가셨고, 아버지는 가끔 호의적이기는 해도 거리감이 있다. 게다가 지금까지 자신의 이름이 지닌 신비하고 은유적인 의미에 맞춰 삶을 꾸려가고 있지도 못하다.("내 이름에 무슨 뜻이 담겨 있지?") 그는 아일랜드를 떠나 '매 같은 인간' 다이달루스(다이달로스)처럼 모든 속박에서 벗어나 훨훨 날아 아일랜드를 떠나려고 했지만, 결국 땅으로 되돌아와야 했고, 오히려 태양에 너무 가깝게 날다가 날개가 녹아버린 이카루스(이카로스)가 되고 만다.

스티븐이 지적인 묘기를 모두 선보인 후, '스킬라와 카립디스' 장은 좀더 일상적인 화제로 되돌아간다. 그가 다나 잡지에 자신의 이론들을 싣는 조건으로 돈을 요구하자, 이글링턴이 나무라고, 무어의 집에서 곧 있을 회합에 관해 몇 마디가 또 오가며, 램포스트 파렐이 도서관의 열람실에 앉아 있는 것이 목격된다. 이어, 스티븐이 데일리 익스프레스 지(1903년 3월 26일자)에 기고한 그레고리 부인의 〈시인과 몽상가 *Poets and Dreamers*〉에 대한 혹평을 비난한 멀리건이 "누구나 자기 자신의 아내라네"라는 자위행위에 관한 찬가를 읊조린다. 이 대목에서 마침내 스티븐은 자신과 멀리건 사이에 '바다'가 존재한다고 확신하고, 그 절망스런 통찰은 우연히도 뒤에 누군가가 있다는 사실을 감지하는 것과 동시에 일어난다. 그 누군가는 바로 그 순간 역시 도서관을 나서는 블룸이다.

사건들을 이런 식으로 연결시키는 것은 이 장의 마지막 몇 행의 중요성을 한층 강화시켜준다. 스티븐은 예전에 도서관 계단 위에 서 있다가 새떼를 보며 자기 운명의 전조라고 해석했던 일을(〈초상〉 5장) 떠올린다. 때마침 블룸이 스티븐과 멀리건 사이를 지나감으로써 어쩔 수 없이 벌어진 두 사람의 상징성 넘치는 간격이 주인공에게는 길조가 될 것 같다. 스티븐이 꿈에서 이국의 동방지역과 '크림과일 멜론'을 꿈꾼 것은 '이타카' 장에서 블룸이 아내의 멜론(엉덩이)에 입 맞추는 대목을 예견하게 한다. 블룸을 '늙은 선원'의 처지에 놓고 본다면, 결국 스티븐은 결혼식 하객의 입장이 되면서 세상 주유 경험이 풍부한 블룸으로부터 교훈을 얻게 된다. 그리고 블룸을 조심하라는 멀리건의 경고 ─ "엉덩이 보호대를 대어 둬." ─ 는 블룸 쪽의 나쁜 의도보다는 멀리건 자신의 숨겨진 동성애 성향을 훨씬 강하게 드러낸다. 작품 후반부의 여러 장에서 그 유대인(블룸)은 스티븐에게 베푸는 자비로운 행위를 통해 스티븐에게는 그의 진정한 '아버지', 곧 스티븐이 믿기에 '신비스런 상태'에서 아들과 연결되는 신비스런 아버지로서, 스티븐이 '법률상의 허구'라고 말하는 육체적 부성과 대조된다.

Chapter 10
배회하는 바위들

오후 2시 55분에 시작해서 오후 4시에 끝나는 이 장은 〈율리시스〉에 등장하는 인물들이 더블린 거리를 돌아다니는 여정을 묘사하며, 그런 의미에서 축소판 대장정, 조이스 소설의 소우주를 구성한다. 이 장은 〈율리시스〉의 18개 장을 아우르는 전반적 구조를 그대로 반영하는 19개의 작은 에피소드로 구성된다.(초기 비평가들은 보통 '배회하는 바위들' 장은 18개 부분과 총독 행렬을 묘사한 마지막 종결부로 구성된다고 보았다.) 〈율리시스〉의 첫 아홉 개 장(그동안 소설의 전반부로 여겨져 온 부분들) 다음에 나오는 '배회하는 바위들' 장은 후반부를 시작하기 전에 보여주는 일종의 막간극 — '스킬라와 카립디스' 장에서 스티븐 데덜러스가 셰익스피어를 설명하는 동안 벅 멀리건이 우스꽝스럽게 등장하는 장면의 역할과 흡사 — 이다.

거의 완벽하게 균형이 맞춰져 있는 이 장은 온화하고 짐짓 보호자를 자처하는 전직 클롱고스의 교장인 콘미 신부의 행로에 대한 묘사로 시작해서 역시 온화하고 보호자를 자처하는 더블리 백작 2세 윌리엄 험블 워드가 마차 행렬을 거느리고 마이러스 바자를 개최하기 위해 가는 모습을 묘사하면서 끝이 난다. 위의 두 인물은 아일랜드를 속박하고 있는 핵심적 외부 세력인 로마 가톨릭교회와 영국을 대표하며, 소규모 대장정은 모두 이 두 가지 주요 구성 요소에 직접적으로 연결되고, 블룸이 몰리를 위해 〈죄의 쾌락〉을 빌리는 부분은 정확히 '배회하는 바위들' 장의 중심 대목(열 번째 에피소드)에 나온다. 끝으로 〈율리시스〉의 거의 중간에 위치한 이 장은 많은 모티프, 동작, 생각, 상호언급 등이 얽혀 있으며, 조이스가 더블린 지도를 앞에 놓고 집필한 것이 분명하다. 오늘날 조이스 연구자들은 등장인물들의 행로를 시간에 맞춰 따라 밟는 재미를 찾기도 하는데, 개중에는 외다리 수병을 흉내 내서 절뚝이며 더블린 거리를 걸어보고는 조이스의 시간 계산이 매우 정확하다는 사실을 발견해낸 비평가까지 있을 정도다.

이 장에서는 〈오디세이〉와의 조응관계가 매우 선명하게 나타난다. 호머의 작품에서 키르케는 오디세우스에게 집으로 돌아가려면 움직이는('방랑하는') 큰 바위들 사이를 통과하든가 스킬라와 카립디스 사이를 통과해야 한다고 말했다. 아르고 호의 선원을 지휘한 신화적인 이아손만이 유일하게 바위들에 부딪히지 않고 무사히 통과했기 때문에, 오디세우스는 소용돌이인 카립디스와 머리가 여섯 개 달린 괴물 스킬라와 한판 붙어보기로 결정한다.

이 장에서 조이스는 독자들의 괴로움을 즐기고 있다. 〈율리시스〉를 읽으려면 독자는 반드시 위험한 바위들뿐 아니라 스티븐의 복잡한 지적인 주장들이 중심에 놓여 있는 국립도서관의 미로를 통과해야 하기 때문이다. 또한 〈오디세이〉의 배회하는 바위들은 시각적 환영에 기초했을 가능성이 큰데, 그것에 상응해 조이스는 자기 신화를 '거짓 실마리'와 일부러 오해하기 쉬운 언어들로 가득 채워놓고 마치 독자에게 "지금까지 아홉 개 장을 읽었으니 이제는 더블린과 저의 글쓰기 방식을 잘 안다고 생각할 수 있지만 조심하십시오. 너무 자만하고 계시는군요. 더블린과 제 글쓰기 방식은 단순하지도 않고 쉽게 파악할 수 있는 것도 아닙니다"라고 말하는 것처럼 보인다.

조이스는 이 장의 처음부터 이런 생각을 갖고 더블린 안팎의 많은 길들을 관통하며 우회적으로 독자를 이끌었다. 콘미 신부가 '그의 부드러운 시계를 다시 맞추었다(reset)'는 말을 듣지만 시간을 맞춘 것이 아니라 호주머니에 다시 넣은 것이고, 클롱고스의 운동장을 걷는다는 언급도 두 차례 나오지만 사실이 아니라 옛날 기억일 뿐이다. 또한 블레이지즈 보일런의 비서인 던 양이 윌리엄 윌키 콜린스의 〈흰색 옷의 여인 *Woman in White*〉을 떠올리면서, '그(보일런)가 바로 그 사람 마리언(Marion)과 사랑에 빠진 것'은 아닌지 궁금해 하는 대목에 주목하자. (지금 보일런은 마리언 블룸과 만날 채비를 하고 있다.) 그러나 '그 사람'은 콜린스 소설의 등장인물인 마리안(Marian) 할콤을 가리킨다. 더구나 블룸은 〈죄의 쾌락〉을 사지 않고, '이타카 장'에서 보듯이 빌린다. 한편, 카울리는 교회에서 훌륭한 공식 직함을 지닌 신부가 아니라 '타락한 신부', 재정적 어려움에 빠진 그냥 '밥' 카울리에 불과하다. 치과의사 블룸도 주인공과는 전혀 관계가 없다. 데니스 브린은 변호사인 존 헨리 멘튼을 만나지 않았고, 후에 더들리 백작의 마차 대신 제럴드 워드를 태운 마차를 향해 경의를 표하는 실수를 한다. 장님 소년('레스트리고니언스' 장에서 블룸이 이 소년을 도와준다.)을 친 램포스트 파렐은 상징적으로 장님 소년보다 더 장님인 셈이 된다. 그러나 이 모든 모호함 속에서도 한 가지 분명한 것이 있다. 하인즈와 차를 마시면서 멀리건이 했던 말, "그(스티븐/조이스)는 10년 후에는 무엇인가(〈초상〉)를 쓰고 있을 거야"란 예언이다.

만일 속임수나 모호함이 이 장의 한 가지 집필 기법이라면, '사실적인' 사건들을 역설적으로 대비시키는 것은 또 다른 기법이다. 조이스는 냉소적인 주제를 표현하기 위해 반복적인 이미지와 사건들을 이용하고, 모티프들을 매우 노련하게 가져다쓴다. 콘미 신부의 성스러운 생각들은 그가 가던 길로 불쑥 나타난 얼굴이 붉게 상기된 젊은 남녀의 등장(이들은 후에 '태양신의 황소들' 장에서 다시 나타난다)과 병치된다. 코니 켈러허가 '조용히 획 내뱉은 풀잎 즙'이 낙하하는 곡선은 몰리 블룸이 세 번째 에피소드에서 절름발이 수병에게 동전을 곡선형으로 던져줄 때 드러나는 ‘토실토실한 맨살의 자비로운 팔’과 짝을 이룬다. ‘로터스 이터스’ 장에서 레너헌이 블룸에게서 받았던 잘못된 정보, 즉 가망 없는 유망주 스로어웨이에게 돈을 걸라는 정보를 밴텀 라이언스가 주었다고 말하는 대목은 블룸이 직접 아내에게 줄 성적인 소설을 찾는 장면 ― “검은색 등을 보이는 사람이 책장수 수레 위에 진열된 책들을 죽 살펴보고 있다.” ― 으로 재빨리 이어지고, ‘작은 배’ 엘리야, 즉 ‘구겨진 전단(스로어웨이)’이 이번 에피소드 내내 리피 강을 따라 떠내려가고(항해하고) 있다. 애국적이고 반영국적인 노래 “까까머리 소년”의 가사 일부(“로스가 함락될 때 아버지는 쓰러지셨다네”)는 커넌 씨가 총독의 행렬을 보기 위해 급히 달려가는 비굴한 모습과 병치된다.

조이스의 대비 양식은 다섯 번째 이야기에서 매우 효과적으로 나타난다. 보일런은 손튼 꽃집 아가씨에게 과일 바구니 밑바닥에 포도주 한 병(그가 도착하기 전에 미리 몰리를 흥분시키려는 의도)을 넣어 즉시 ‘환자’에게 배달해 달라고 말하면서도, 곧 있을 방문에 만족하지 못하고 점원 아가씨의 블라우스 속을 내려다보는 등 그녀를 희롱한다. 조이스는 보일런이 ‘단지’ 발설하지 않았을 ‘뿐’이지 〈율리시스〉 전체를 읽은 독자가 아는 보일런의 여성관을 ‘어린 암탉’이란 구절로 드러낸다. 그리고 공격적이고 성적으로 왕성한 보일런과 예민하고 수동적인 블룸(이 대목에서 포르노 사진을 흘깃 보는 것으로 성적 쾌감을 대신한다.)이 대비되지만 결국 승리자는 '휴지조각'(스로어웨이) 격인 블룸이다. 조이스가 명백히 밝히듯 호색한에 불과한 보일런은 모든 것을 성행위로 압축하며, 여성은 인간 이하일 뿐이다.

'배회하는 바위들' 장에서 조이스는 '거짓 실마리'와 반어적인 대비나 병치를 사용해서 인간에 관한 주제를 표현하는데, 이런 기법은 초서*적인 위풍당당한 순례를 만들어내는 한 가지 방법이 된다. 많은 훌륭한 예술가들처럼 조이스도 대개는 사람들을 있는 그대로 받아들여 더블린 주민들의 모습을 결점까지도 숨기지 않고 다채롭게 보여주며, 그 관점은 연민이 섞인 자연주의다. 예를 들면, 콘미 신부는 짐짓 생색을 내는 척하긴 해도 사람들, 특히 가톨릭 신앙을 접해 보지 못하고 '무적의 무지상태'로 죽었기 때문에 천당에 가지 못할 수도 있는 사람들을 진심으로 걱정하고, '즐거운 예법'을 좋아하기는 해도 여전히 '아프리카 사역'의 역경과 '물의 세례…'를 결코 받아보지 못할 원주민들의 캄캄한 영혼을 염려하며, 외다리 수병에게 축복의 말만 해주는 것은 교단 규칙에 따라 청빈 서약을 했기 때문에 거지에게 줄 여분의 돈이 없어서다. 조이스는 더블린 사람들에 대한 또 다른 태도의 예로서 아홉 번

---

* **제프리 초서**(Geoffrey Chaucer, 1342-1400): 영국 시인. 근대 영시의 창시자로, '영시의 아버지'라 불린다. 대표작 〈캔터베리 이야기 *The Canterbury Tales*〉.

째 대목, 즉 레너헌이 매코이를 '깔아뭉개는 말'을 과소표현법으로 솜씨 좋게 다뤄 실패한 재담꾼과 다소 웃기기 어려운 상대방의 반응을 사실적으로 그려낸다. 레너헌이 1894년 어느 날 저녁, 한 무리의 옛 친구들과 '글렌크리 감화원에서 열렸던 큰 만찬…'에서 돌아오는 길에 블룸이 별자리들을 가리키는 동안 자신이 몰리(그녀의 '은하수[젖 길]')에게 함부로 기댔던 일에 관해 이야기한다. 레너헌은 매코이가 그 케케묵은 일화에 시큰둥한 반응을 보이자 움찔해서는 어쩔 수 없이 블룸을 인정해 "그는 양식 있는 만능인이야. 블룸은 그래. 우리 블룸에게는 어딘가 예술가적인 기질이 있어"라고 말하게 된다. 더블린 사람들에게 느끼는 조이스의 연민은 아마 가족을 그릴 때 두드러지는 것 같다. 따라서 일부 비평가들이 이 대목의 우스꽝스런 측면만 지나치게 강조하는 것은 유감스러운 일이다. 여기에 섞여 있는 잊지 못할 감동적인 장면들은 (1) 전당포에서 스티븐의 책을 받아주지 않는다고 매기 데덜러스가 굶주린 여동생들에게 말하는 대목과 (수녀에게 얻어온) '노랗고 걸쭉한' 완두콩 죽을 동생들에게 나눠주는 대목, 이어서 동생 부디가 사이먼을 '하늘에 계시지 않는 우리 아버지'라고 말하자 동생을 야단치는 장면, (2) 술 마신 사이먼이 식구들의 식량을 살 만한 돈이 수중에 한 푼도 없다고 딜리를 납득시킨 후, 그녀가 똑바로 서지 않는다고 꾸중하자 딜리가 "그만 두세요, 아버지… 사람들이 전부 아버지를 쳐다보잖아요"라고 대꾸하는 장면, (3) 딜리가 빈궁한 가정형편 속에서도 일말의 희망이라고 할 〈차드널의 표준 불어 첫걸음〉을 구입한 것(이때 스티븐은 "내가 재한테 파리 이야기를 했었지"라고 떠올린다.)을 보고 스티븐이 어머니가 실제로 (그녀의 초록색 담즙 속에서) 익사했던 것처럼 동생 딜리 역시 상징적으로 익사하는 것을 상상하는 대목들이다.

　　　조이스는 탁월한 예술적 역량을 발휘하여 하인즈, 멀리건, 그리고 나중에 망자의 아들로 나오는 패트릭 디그넘 군에 대한 묘사를 통해 혹시 있을지도 모를 감상주의를 누그러뜨린다. 젠체하는 하인즈는 스티븐이 '고정관념', 즉 강박관념 때문에 고통받고 있다고 결론 내리는 반면, 멀리건은 하인즈에게 스티븐의 마음을 지옥불 같은 교리로 망치고 있는 것은 바로 교회라고 말해 주면서 다루기 쉬운 그 친구와 잘 어울린다. 그 말에 동의한 하인즈는 곧 고대 켈트 전통은 징벌로서의 내세를 인정하지 않는다는 생각을 한다. 밉살스러운 꼬마 패트릭 디그넘은 돌아가신 아버지에 대해 최대한 동정을 느끼려고 노력하지만, 고작 생각하는 것이라고는 자기 이름이 신문에 나왔을 것이고, 학교를 빠져도 되고, 당분간 반 친구들 사이에서 유명인 취급을 받을 것이란 점들이다. 그리고 무엇보다도 그는 고집불통으로 계속 솟아오르는 셔츠 컬러마저도 차분하게 눕힐 수 없다.

Chapter 11

세이렌

이 장은 오후 3시 30분이 막 지난 시점의 오먼드 호텔 바 장면부터 시작해서 오후 4시 30분 블룸이 나가고 장님 피아노 조율사 청년이 재등장하는 장면으로 끝난다. 이 장님 조율사는 지팡이 소리를 딱딱 내면서 앞서 두고 간 소리굽쇠를 찾으러 들어온다. 이 장과 〈오디세이〉의 조응관계는 넓게 퍼져 있다. 오디세우스 장군은 부하들의 귀를 밀랍으로 막아 인어들의 노래 소리에 현혹되지 않도록 한다. 인어들은 노래로 뱃사람들을 유인해 해안의 바위에 배를 난파시키는 존재들이다. 그러나 정작 오디세우스는 그 매혹적인 노래를 듣고자 부하들에게 자기를 돛대에 잡아 묶게 하고 아무리 애원해도 절대로 풀어주지 말라는 지시를 내린다. 이 장에서 세이렌에 해당되는 인물로 술집 종업원들인 리디아 도우스와 마이너 케네디, 그리고 이 장 마지막에 블룸(율리시스로서)이 피해가는 성적 매력이 별로 없는 창녀를 들 수 있다. 그렇지만 호머의 서사시와 이 장 사이의 가장 흥미로운 조응관계는 세이렌들이 아니라 음악의 마력에서 발견된다. 등장인물들은 곡에 취하고 가사를 읊조리면서 음악에 사로잡힌다. 나이든 사람들은 아일랜드 민족의 실패를 노래한 감상적인 곡조에 따라 자신들의 실패 기억에 흠뻑 취한다. 한 중년 남자(블룸)는 노래 가사를 따라 아버지이자 남편으로서 실패한 기억을 되새긴다. 실제로 블룸은 이 장이 진행되는 동안 다른 사람에게 아내를 빼앗길 처지에 놓여 있다.

'세이렌' 장에서 조이스는 작곡의 미묘한 기법을 문학에 적용하고 있다. 즉 이야기의 도입부에 약 57가지의 주제와 모티프를 설정하고 장 전체를 통해 조합과 확장을 꾀하고 있다. 이를테면, '황금 옆의 청동' 부분은 구릿빛 머리카락의 도우스 양과 금발의 케네디 양을 지칭한다. 이 장의 3행에 언급된 '조각'은 몇 페이지 뒤에 나오는 엄지손톱의 까칠한 부분을 잡아 뜯는 사이먼 데덜러스의 습관을 가리킨다. '징글징글 경쾌하게 징글링' 부분은 보일런이 마차를 타고 몰리를 만나러 에클레스 가 7번지로 가는 소리를 미리 청각적인 효과를 빌어 표현하고 있다. '해봐, 벤, 해봐'란 소리의 '울림'에 대한 언급은 이 장의 거의 끝부분에 나오는 벤 돌라드의 노래를 예고한다. 한번은 몰리가 벤이 체구에 걸맞은 큰 울림통을 갖고 있다는 말을 하기도 했다. 그리고 "당신이 기다리는 동안 기다린다. 히 히." 부분은 웨이터 패트에 대한 블룸의 생각 "패트는 당신이 기다리는 동안 기다리며 시중을 드는 웨이터"를 미리 보게 해준다.(보일런의 간통을 막지 못하고 그가 몰리와 성행위를 마칠 때까지 잠자코 기다릴 수밖에 없는 블룸의 처지와 대비된다.)

　　　이 장에서는 두 가지 음악이 블룸의 딱한 처지를 반영한다. 오페라 〈마르타 *Martha*〉와 유행가 "까까머리 소년"이다. 〈마르타〉는 독일 작곡가 폰 플로토의 오페라이고, "까까머리 소년"은 1798년 영국에 항거한 아일랜드 반란군을 기리고자 19세기 후반에 지어져 널리 불렸던 속요다. 오페라는 여주인공을 향한 라이오넬의 깊은 사랑을 다루고 있으며, 라이오넬에게 가려진 여주인공의 정체는 영국 앤 여왕의 하녀장으로 해리엇 더럼 부인이라고 한다. '마르타'(해리엇 부인)와 헤어져야 하는 라이오넬은 상심한 나머지 정신이상이 되었다가 오페라의 마지막 부분에서 제정신을 찾고 마침내 '마르타'와 결혼한다. 〈마르타〉 하면 떠오르는 슬픈 음조의 노래로는 아일랜드 민요인 "여름에 마지막으로 핀 장미"가 꼽힌다. 〈율리시스〉에서 마르타는 두말 할 나위 없이 마사 클리퍼드를 암시하는데, 그녀 역시 정체를 숨기고, 라이오넬은 오후 4시가 지나서 몰리를 '잃는' 레오폴드 블룸과 닮았다. 단지 라이오넬은 블룸과 달리 사랑하는 여인과 영원한 행복을 누린다. 블룸이 사이먼 데덜러스의 노래를 들으면서 진실로 사랑하는 여자가 마르타(마사)가 '아니라' 몰리임을 깨닫게 되는 것은 역설적이고, 몰리가 그를 저버리면서 독자의 연민이 증폭된다.

　　　"까까머리 소년"은 농부의 자식이 영국군에게 처형당하는 내용인데, 블룸(과 스티븐)의 고난을 알려주는 보다 중요한 음악적 인유가 된다. 영국과 싸우려고 출정하던 아일랜드 소년은 '그린 신부'가 있는 고해소에 들러 고해한다. 긴 통로를 지나 신부를 만난 그는 아버지와 사랑하는 형제가 모두 전장에서 죽고 자기가 유일한 혈통이며, 아이답게 작은 죄를 몇 가지 열거하는 과정에서 "어느 날 교회 묘지를 급히 지나다가 / 어머니 산소에… 기도 바치는 것을 잊고" 그냥 지나친 죄를 졌다고 고백한다. 바로 그때 신부로 변장한 '기마의용병 대위'가 정체를 드러내고, 소년은 즉각 교수형을 당한다. 변장의 주제도 닮았지만, 역시 죽어가는 어머니의 머리맡에서 기도를 거부하고 가책 받는 스티븐의 처지와 비슷한 점이 있다.

블룸은 노래에 나오는 아일랜드 청년이 아무리 주위가 어두워도 '영국' 장교와 말하고 있다는 것을 모를 정도로 틀림없이 좀 우둔했다고 생각하면서도 청년이 살아남은 유일한 핏줄이란 생각에 가슴이 뭉클하다. 이 장 뒷부분에는 "나도 아들이 없는… 우리 혈통의 마지막인데. 루디도 죽고"라는 블룸의 말이 나온다. 그 농부 청년처럼 블룸도 오먼드에서 '축복받지 못한' 존재다. 게다가 "까까머리 소년"에 나오는 가짜 그린 신부는 육체적·정치적·도덕적 의미로 '그릇된 아버지'란 주제를 담고 있다. 까까머리 소년은 주지하다시피 죽은 어머니를 위한 기도를 '잊은'—어떤 의미로는 거부했다는 사실을 영영 '잊을 수 없다'—스티븐 데덜러스의 대리 표상이다. 또한 스티븐은 이 작품의 후반부에서 블룸이란 아버지에게 일시

‘입양’될 것이다. 결국 배신 이야기를 내용으로 하는 유행가가 불리는 동안 보일런은 블룸의 집에 입성한다. 아내가 외도를 하는 블룸은 그리스도를 배반한 베드로와도 비슷한 측면이 있다. 이런 면은 보일런의 자만심이 성적인 정복의 중요한 순간에 글자 그대로이자 은유적 의미가 담긴 수탉 소리 ‘콕카라카라’로 구현된 점에 암시되어 있다.

〈율리시스〉에서 블룸의 움직임에는 고독함, 소외감과 더불어 인생의 희비가 섞인 상황이 암시되어 있다. 가슴을 찡하게 할 정도로 희비쌍곡선이 엇갈리는 상황은 블룸의 평형 의지와 순리를 따르는 노력으로 중심을 잡아간다. 옆구리에 〈죄의 쾌락〉이란 책을 끼고 오먼드 호텔 앞을 지나가는 블룸을 보고 리디아 도우스는 호텔 안에서 “오 징글맞은 눈 좀 봐! 저런 인사와 결혼하면 어떨지 상상만 해도…”라고 외친다.(‘징글맞은greasy’은 더블린 말로 ‘은총-가득한grace-y’이라고 발음되므로, 여기서도 그리스도와 같은 인물로 대응된다.) 댈리 문구점에서 (여전히 공허한 관계지만) 마사 클리퍼드에게 편지를 쓰기 위해 필기구를 구입한 블룸은 인어(호머 작품과 조응) 그림이 그려진 포스터를 본 직후 세 번째로 보일런을 보고도 아무런 조치를 취하지 못하고 주눅이 든 채로 그를 따라 오먼드 호텔로 들어가서는 눈에 띄지 않게 지켜본다.

호텔 안에서 블룸은 더욱 소외된 처지다. 식당에 앉아 있는 그는 자연스레(겉모습뿐이지만) 바에서 한데 뭉쳐 노래를 부르는 무리로부터 외따로 떨어져 있다. 보일런의 눈에 띄지 않으려고 그가 택한 방법은 '프로테우스' 장에서 방문할까 생각했던 버림받은 또 한 사람 리치 고울딩과 식사를 하는 것이다. 술로 망한 '리치 삼촌'도 블룸과 비슷하게 굴종적인 성격이어서 속도 없이 말도 섞으려 들지 않는 처남 사이먼의 목소리를 칭찬한다. 고울딩은 대수롭지 않게(철저히 '버림받은 자'로 없는 사람처럼) 취급되기 때문에 그 옆에서 마사에게 형식적인 편지를 쓰는 데 지장이 없다. 블룸은 열의 없이 몇 줄 끼적이면서 그저 상징적으로 프리먼 신문으로 가리고 광고에 답을 보내는 척하는 동안 고무줄을 끊으면서 장난을 친다.

그 행위는 몰리와 깨진 관계와 조응하고, 마사에게 보내는 편지에서 지운 글자는 그들 관계의 종말에 전조가 된다.(역시 양자택일, 즉 흑백 논리로 사물을 재단하지 않는 그는 편지에 제대로 서명하지 않고 그리스 글자 입실론 'e'를 써서 위장한다.) 조이스는 이 장의 결말로 가면서 소외된 블룸의 처지를 명시적으로 언급한다. "샌드위치 벨 밑에 관과 같은 한 조각 빵 위에 한 마리의 마지막, 한 마리의 외로운, 여름의 마지막 정어리가 놓여 있었다. 블룸 홀로." 문학적으로 물고기가 그리스도의 상징으로 흔히 다뤄지는 점을 연상하자.

　　조이스가 '세이렌' 장에서 매우 감상적으로 그려낸 블룸의 초상은 끝부분에 희극적인 효과를 낳는 그의 방귀로 상쇄된다. 방귀는 라이오넬 막스의 골동품 가게 창문에 붙은 아일랜드 애국순교자 로버트 에메트의 초상화에 적힌 그의 마지막 글 — "조국이 다른 나라들과 어깨를 겨루게 될 때까지 기다렸다가 묘비명을 새겨주시오. 이제 하직합니다." — 을 읽을 때 발사된다.('라이오넬'이란 골동품 가게 주인 이름은 오페라 〈마르타〉의 반향을 일으킨다.) (조이스와 함께) 블룸은 "프르 프르프흐. 끝냈다"고 하는데, 이는 죽음을 이겨낸 삶과 "까까머리 소년"이든 죽음을 앞둔 에메트의 '허풍 가득한' 유언이든 간에 공허한 정치적 수사를 누른 진실한 깊은 감정을 경외하는 표시가 된다.

Chapter 12

키클롭스

　　12장은 오후 5시 직전에 시작하고, 바니 키어넌 주점에서 발생한 일을 다룬다. 블룸은 마틴 커닝엄을 만나 샌디마운트의 패디 디그넘 상가(喪家)에 가서 유족과 고인의 생명보험 문제를 상의하기 위해 이곳을 찾았다. 이 장은 블룸, 커닝엄, 잭 파워, 그리고 오렌지 당원인 크로프턴 씨 등이 시민-키클롭스에게서 (커닝엄의 마차를 타고) 도망가는 것으로 끝난다. 키어넌 주점의 시민-키클롭스는 열렬한 아일랜드 민족주의자 마이클 쿠색을 본뜬 인물이다. 그는 영국에 대한 반항으로 아일랜드에 게일족의 스포츠를 부활시키려고 노력했다. 한편, 키어넌 주점은 은유적으로 그리스 신화에 등장하는 식인 거인 키클롭스가 오디세우스와 그의 부하들을 감옥에 가뒀던 동굴이다.

　　이 장에서 쉽게 발견할 수 있는 〈오디세이〉와 관련된 여러 조응들은 12번째 에피소드의 주제들 중 일부분을 차지한다. 호머의 서사시에서 오디세우스의 부하들을 게걸스럽게 먹어치운 키클롭스, 즉 폴리페무스는 외눈박이였고, 다른 키클롭스들처럼 무정부주의자였다. 오디세우스는 부하 둘을 잡아먹은 키클롭스를 술 취하게 만든 후 깊은 잠에 골아 떨어졌을 때, 불에 달군 막대기로 그의 눈을 찔러 장님으로 만들고 부하들과 함께 키클롭스가 기르는 양떼의 아랫배에 매달려 그 동굴에서 달아났다. 오디세우스가 술을 부어주면서 폴리페무스의 질문에 자기 이름이 '우티스(그리스어로 아무도 아닌 자)'라고 답했기 때문에 눈을 찔린 거한이 부하들에게 자기 눈을 찌른 범인이 '아무도 아닌 자'라고 말하자, 부하들은 '아무도 아닌 자'라면 틀림없이 신들에게 벌을 받은 것이라고 추론하고 아무 조치도 취하지 않았다. 그런데 오디세우스는 섬을 떠나면서 눈을 잃은 키클롭스를 조롱하는 실수를 범한다. 화가 난 키클롭스는 커다란 바위를 집어던지지만 그들을 잡는 데 실패하자 바다의 신인 아버지 포세이돈에게 복수를 청하게 되고, 포세이돈의 저주로 오디세우스는 이타카로 귀향하기 전에 몇 년 더 방랑의 세월을 겪는다.

사전 지식이 없는 상태로 〈율리시스〉에 접근하는 독자들이 알아야 할 사항은 원통형의 긴 물체와 조이스가 사용한 문학적 기교다. 우선 12장이 원통의 긴 물체들에 대한 언급들로 가득 차 있다는 것을 이해해야 한다. 그 물체들은 오디세우스가 키클롭스의 눈을 멀게 하려고 사용했던 벌겋게 달군 막대기와 비슷하다. 예를 들면, 익명의 화자가 거의 눈이 멀 뻔했다고 말하는 굴뚝청소부의 '청소도구'와 술을 거절하던 블룸이 다른 사람에게서 받아 드는 '담배'다. 잠시 후, 그는 그 담배에 손가락을 살짝 데지만 이 같은 시각적 병치보다는 조이스가 문학적으로 확장시킨 훌륭한 기교가 더 중요하다. 조이스가 12장에 펼쳐 보이는 상상력은 남근과 그 밖의 가늘고 긴 물체들을 거의 모두 포괄하고 있다. 이를테면, 블룸이 '과학적으로' 설명한, 교수형에 처해지는 사람들이 집행 순간에 성적으로 경험하는 발기, J. J. 오몰로이가 넬슨 총독의 정책을 은유적으로 '망원경에 장님의 눈을 갖다 대는 것'으로 표현할 때의 망원경, 늙은 버스코일 씨의 외모적 특징인 길고 가는 나팔 귀 등이다. 그리고 (12장의 중간) 나무에 관한 삽입문장은 '데드우드 딕스 Deadwood Dicks'에 대한 즉각적인 언급과 결부시키면 특히 남근 숭배적이다.

막대기 모티프와 긴밀하게 연관된 것이 '눈'을 두고 전개되는 은유다. 두 가지 중에서는 물론 눈이 더 중요하다. '키클롭스' 에피소드에서 조이스는 집중적으로 키클롭스 같은 사람들을 풍자하고 있다. 그들은 현재의 상황을 한쪽 눈으로만 보기 때문에 세상에 대한 시야가 제한되어 있으며, 지적인 면에서 부분적이거나 전체적으로 '장님'이다. 예컨대, 조이스가 묘사한 알코올중독자이자 극단적으로 유대인을 배척하는 페니어 회원은 영국에 대한 증오에 사로잡혀 있으며, 술 취하고 분노한 시민은 처음부터 끝까지 블룸의 인격을 왜곡해 그를 화나게 만든다. 그러나 블룸은 처음으로 당당하게 자존심을

세우며 본심을 드러낸다. 이처럼 시민의 전형 같은 상징적인 키클롭스는 국수주의적일 뿐 아니라 진짜 협잡꾼이다. 따라서 짓궂지만 영리한 익명의 화자가 단언하듯, 아일랜드의 한 가족을 쫓아낼 때 못되게 처신하는 '키클롭스'는 애국적인 아일랜드 사람을 두려워할 이유가 충분하다.

'키클롭스' 장에서는 외눈박이들이 주도권을 쥐고 있다. 대개 '악당들'(혹은 비적격자)은 눈이 하나이고, 대조적으로 주인공은 눈이 두 개이거나 적어도 '대구 눈 cod-eyed', 즉 '신의 눈'을 가진 존재로 묘사된다. 따라서 외눈박이 시민-키클롭스가 맨 처음에 손으로 눈을 비비는 모습으로 나타나는 것과 시민이 블룸을 맞히려고 비스킷 통―폴리페무스의 바위와 조응―을 던지지만 태양 때문에 눈이 부셔 실패하는 장면은 큰 의미가 있다.(이 장면에서 블룸이 하느님의 아들이라는 병치가 가능하다.)

조이스는 또한 여러 인물의 편협한 행동들을 묘사하면서 문학적 형식, 민족적 열망, 스포츠 보도, 점잔빼며 말하는 상류 사회의 태도 등 허세를 풍자하는 30개가 넘는 다양한 삽입문을 여기저기에 흩어놓았다. 예를 들면, (이름 없는) 시민은 (조이스의 잘 알려진 '목록' 중 하나에) 선사시대의 아일랜드 병사로 묘사되고 장식적인 의상을 걸쳤으며, 네모 선장, 골리앗, 단테, 시바 여왕, 고다이바 부인 등처럼 부족을 대표하는 역사적 인물들의 모습이다. 시민은 (조 하인즈가) 블룸을 인정 있는 사람이라고 칭찬하자, 반박하려고 검은 암탉 리즈에 관한 문단을 하나 끌어낸다. 암탉 리즈는 '나우시카' 장의 마멀레이드 문체(조이스의 용어—잼처럼 끈적끈적함)를 예상하게 한다. 그런데 키오-베네트의 (가짜) 권투시합에 대한 묘사는 최악의 낡은 표현—피는 '선명한 코피'가 된다—을 이끌어낸다. 키오는 아일랜드의 프로권투선수다. 덧붙여 커닝엄이 악의 없이 인용한 "하느님이시여 이곳의 모든 사람들에게 축복을 내려주옵소서…"라는 기원문은 키어넌 주점에서 아주 치밀한 성령의 발현으로 이어져 중요한 인물들 대부분이 성인으로 변모한다. 블룸은 '성인 레오폴드'로 나타나고, 나머지 사람들은 '순교자들, 동정녀들과 고해신부들…'이 된다.

조이스는 어둠, 증오, 폭력에 대해 더 깊은 감성을 고취시키며 '키클롭스' 장을 구성함으로써 불가피하게 블룸과 시민 사이에 최고조의 대결을 이끌어낸다. 키어넌 주점에 모인 다소 지친 단골손님들은 '세이렌' 장에서 나오는 적당히 취해 푸근히 향수에 젖는 술꾼들과 뚜렷이 대비된다. 따라서 '키클롭스'는 낮에 일어난 일이지만, 실질적으로는 〈율리시스〉에서 소위 밤 부분 중 하나라고 말할 수 있다. 밤 부분들은 밤이란 설정 자체로 이후의 에피소드들을 예술적으로 이끌어간다. 키어넌 주점은 확실히 재난의 동굴이고, 그곳에 거주하는 시민은 역시 술로 폐인이 되어 그의 짝패로 간주되는 고울딩 아저씨와 폭력성 면에서 확실하게 다르다. 그리고 매독 걸린 화자의 방뇨가 이 작품의 전체적인 분위기를 대표하는 데서 조이스의 천재성이 엿보인다.

이 장은 화자가 조 하인즈에게 배관공 마이클 제러티가 썼던 속임수를 서술하면서 시작한다. 제러티는 모지즈 허조그의 차 값을 떼어먹은 사람이다. 그는 오디세우스처럼 허조그의 모함에 걸려들 뻔했으나 가까스로 벗어났다. 한편, 시민을 만나 가축업자들의 구제역 퇴치 회합을 의논하기 위해 바니 키어넌 주점을 향하던 하인즈가 화자와 동행하게 된다. 그들은 주점에서 사나운 개(실제로는 시민의 소유가 아닌) 개리오웬과 마주친다. 알프 버건이 무정하게도 더블린을 쏘다니는 정신이상자 데니스 브린을 가리켜 가뜩이나 침울한 분위기를 더욱 무겁게 만든다. 데니스는 그가 받은 전보 'U.P.: up'에 대해 명예훼손 소송을 준비하고 있다.

키어넌 주점의 우울한 분위기는 대화가 거듭될수록 증폭된다. 알프는 패디 디그넘이 죽은 사실을 모른다. "그를 본 게 5분도 안 되는데… 확실해.*" 가난한 '윌리' 디그넘을 데려갔으니 예수는 '악당'인 게 틀림없다고 밥 도란이 단언하자 웨이터 테리가 그런 식으로 말하지 말라고 조언하는 분위기도 무겁다. 테리는 주점에서 신성을 모독하면 참지 못하는 성미다.

---

* 원문에서 '확실해'는 숙어로 (be) as plain as pikestaff로 표현되어 있다. 여기서 pikestaff(도보용 지팡이)는 또 다른 길고 가느다란 남근적 의미를 내포한다.

역시 골칫거리인 도란은 〈더블린 사람들〉의 "하숙집"에서 속아 결혼한 인물이고 지금은 술주정뱅이가 되어 해마다 큰 소동을 일으킨다. 마지막으로 조이스는 H. 럼볼드가 사형집행인이 되려고 신청한 편지를 하인즈의 서술을 끼워 넣지만 잔혹한 부분 때문에 주점의 우울한 분위기를 누그러뜨리지 못하고 오히려 절망, 우울, 공허함만 새롭게 강조할 뿐이다.

블룸은 독자들이 예상하듯 시기적으로 좋지 않은 때에 주점에 들어가고, 나머지 부분에서는 주점 손님들의 폭력과 블룸의 온화한 태도가 자연스럽게 대조된다. 블룸은 키클롭스의 동굴 같은 이 어둠의 장소에서 완전히 동떨어진 모습을 보인다. 이곳에 등장한 그는 다시 그리스도 같은 형상으로 변하고, 조이스는 세부 묘사를 조심스럽게 이어가는 일련의 과정들을 통해 12장의 끝에서 비로소 블룸의 역할을 예시한다. 자기 '백성들'에게 환영받지 못하는 선지자로서, 일종의 현대적 엘리야*이다. 키어넌 주점으로 들어오는 블룸은 사나운 '개'(개리오웬)에게 '대구 눈'을 고정한다. (철자를 거꾸로 한) '개 dog'와 '신 God'을 동등하게 취급하는 조이스의 관점은 하인즈의 외침 "오, 젠장맞을(O, Christ)…"에서 강하게 드러난다. 그 외침은 블룸에 대해서가 아니라 럼볼드의 편지를 언급하고 있지만, 시간적으로는 바로 블룸의 시선이 개에게 '고정되는'

---

* **엘리야**(Elijah): 이스라엘 왕국 초기의 위대한 선지자.

때다. 블룸은 술은 두 번 거절하지만 담배(담배는 오디세우스의 막대기와 조응)는 받고, 절주 때문에 '금주당원'이란 별명을 얻는다.

그러나 블룸이 항상 순수한 그리스도나 소박한 영웅의 형상으로 나타나지는 않는다. 키어넌 주점 장면에서 그는 '뭐든지 아는 체하는 사람'이고, 술 취한 단골손님들을 불쾌하게 여기면서 길고 지루한 도덕적 설명을 통해 자신을 어느 정도 정당화한다. 그는 교수형 당하는 자의 발기에 대해 '과학적'이고 '자연적인 현상'으로 설명한다. 조이스는 청중-독자들을 위해 블룸에게 심술궂게 구는 화자의 논평을 자세히 이야기한다. "그 사람이 결혼한 여인의 살찐 엉덩이야말로 경기장 같은 그녀의 등판과 어울리는 멋진 구경감이다." 게다가 시민은 아일랜드 선원들을 야만적으로 취급한 영국 정부를 난폭하게 비난한다. 블룸이 더 이상 참지 못하고 "훈련은 어디서나 마찬가지 아닌가?"라고 대꾸하자 키클롭스의 분노가 거세진다. 블룸은 다시 전형적으로 수동적인 상투어를 내뱉는다. "힘, 증오, 역사, 그따위 모든 것. 그건 남녀를 위한 삶이 아니라 모욕과 증오야." 이처럼 블룸은 키클롭스와 다르게 사랑을 지지한다. "나는 증오의 반대를 말하는 거야."

12장이 블룸의 중요한 결점 하나―감상적 사상―를 기술한다고 해도, 그 같은 기질 역시 영웅적 자질을 강조하는 것이다. 그는 (오후 4시 30분이 지나가는) 바로 지금, 보일런이 아내와 불륜을 저지른다는 것을 알고 있기 때문에 심히 괴롭고 고통스럽지만, 디그넘 가족 돕기를 사명으로 알고 계속 해나가며 필사적으로 화젯거리를 교활한 보일런에서 (영국인의 게임이어서 아일랜드 민족주의자들이 비웃는) 잔디 테니스의 장점들로 바꾸려고 애쓴다. 그러나 보일런 생각에 크게 마음을 빼앗긴 나머지 '아내의 충고자들'을 '아내의 찬미자들'이라고 잘못 말하고, 불명예스러운 부인이 아일랜드를 파멸로 이끌었다는 시민의 논평을 속으로 참아낸다. 시민의 이런 감성은 이미 '네스토르' 장에서 친영파 디지 교장이 (반어적으로) 표현한 바 있다. 시민은 브린 부인에게 동정을 보내면서, 그녀의 남편 데니스를 '반반(半半) 얼치기'라고 부르고, 이 판단을 블룸에게도 적용시키려고 한다.

블룸은 광고 일에서도 똑같이 좌절을 겪고 있다. 하인즈는 블룸에게 빌린 돈으로 술을 마시고 있으며, 편집장 나네티는 키즈 상회 광고에 대해 아무런 결정도 내리지 않은 채 하원에 갈 것이다.

블룸이 많은 고초를 겪고 있지만, 조이스는 그의 진정한 영웅적 자질을 바로 이 부분에서 보여준다. 몇 차례에 걸쳐 당할 만큼 당한 희극적 영웅은 유대인임을 역설하면서 반격한다. 아일랜드가 조국이라는 블룸의 주장에 시민이 걸쭉한 가래침을 구석에 뱉자 초조해진 블룸은 처음으로 화를 낸다. "나도 역시 한 종족에 속해요… 미움 받으며 박해를 당하고 있지.

지금도 역시. 지금 바로 이 순간. 바로 이 시각에."

　　블룸이 법원으로 커닝엄을 찾으러 가기 위해 자리를 뜨자 만취한 시민과 그의 동료들은 블룸이 '스로어웨이'에 돈을 걸어 땄는데도 술 한 잔 사지 않을 것이라며 지각없는 소신을 내세우고, 그가 "과부들과 고아들을 사취한다"고 (조이스의 야유를 사용해) 비난하다가 블룸이 돌아오고서야 끝을 맺는다. 얼마 후, 블룸은 수종(水腫)에 걸린 폴리페무스 같은 인물인 키클롭스가 유대인을 비방하자 (오디세우스처럼) 대차게 맞받아친다. "당신의 하느님은 유대인이었어. 그리스도 역시 나처럼 유대인이었다고." 그러자 시민은 빈 비스킷 통을 블룸에게 던진다. 이 행동은 폴리페무스가 했던 흥분한 방해동작을 흉내 낸 것이지만 둥근 돌만큼이나 효과가 없다. 블룸이 리틀 그린 가 아래로 도망친 이후로 은유적이자 언어학적으로, 하늘로 올라간 것으로 추정된다. 이와 같은 연유로, 엘리야가 온다고 선포했던 전단지 스로어웨이의 중심사상이 제 길을 가게 된다.

Chapter 13

나우시카

저녁 8시경, 샌디마운트 해변을 배경으로 이야기가 시작된다. 이 해변은 아침에 스티븐이 삶의 변화가 지니는 의미를 숙고해 보던 곳이기도 하다. '프로테우스' 장에서 블룸은 디그넘의 유족을 방문하고 이제 막 돌아오는 길이다. 이 장은 바니 키어넌 주점에서 언짢은 일을 겪은 블룸에게 '위안'을 주고, 디그넘을 잃고 우울해진 기분도 풀어준다. 조이스는 시간 차를 두고 진행되는 앞 장과 이 장 사이에 몇 개의 연결고리를 통해 연속성을 주고 있는데, 가장 눈에 띄는 것이 '둥근 호'의 이미지이다. 시민이란 자가 던져 솟았다가 떨어지는 비스킷통의 움직임은 '나우시카' 장에 나오는 여러 가지의 상승 하강 곡선에 반영되어 있다. 이를테면, 거티 맥도웰의 유혹하는 다리, 로마 가톨릭교회에서 올리는 촛대와 마이러스 바자의 불꽃놀이, 그리고 성체 강복 때 흔드는 향로의 상승 하강 움직임은 동시에 진행되는 거티와 블룸의 오르가즘에 맞춰 올라가고 내려온다. 또한 이 장은 형식으로나 문체상('마멀레이드 체')으로나 단순하며, 전반부는 거티를, 후반부는 블룸과 그의 상념을 다루고 있다.

호머와의 조응 관계는 쉽게 눈에 띈다. 파에아키아인의 영토와 접한 물가로 떠밀려온 오디세우스는 나우시카 공주가 친구들과 놀다가 잘못 던진 공에 맞아 잠을 깬다. 재색을 겸비한 공주는 공놀이도 하고 빨래도 하러 물가를 찾았던 것. 그녀는 벌거벗은 이방인을 보고도 당황하지 않고, 불운하게 폭풍우를 맞아 표류한 방랑자에게 아버지 궁전으로 가서 구원을 청하라고 권한다. 거티(나우시카)는 블룸(오디세우스)을 유혹해 지금까지 미루었던 자위행위를 유발함으로써 성적 휴식을 갖게 한다. 특히 오래 사귄 레기 와일리(몰리를 '잃은' 블룸과 조응)와 헤어진 이후 결혼 생각이 부쩍 많아진 거티는 미혼이란 점에서도 나우시카와 통한다. 그러나 나우시카는 가족들의 속옷을 깨끗이 빨래하는 반면, 거티는 (본의 아니게) 블룸의 자위를 유도해 속옷을 '더럽히게' 만든다. 거티는 성모 마리아에 비유되기도 하는데, 특히 마리아를 상징하는 푸른색이 여기저기 나타난다. 마리아는 가톨릭 신자들에게 죄인들의 피난처임은 물론이고, 여기서는 블룸으로 대표되는 어리둥절하고 갈피를 못 잡는 인류가 마지막으로 의지할 곳이다.

그러나 조이스의 의도는 싸구려 감상주의적인 연애 소설을 풍자하는 데 머물지 않는다. '페넬로페' 장에서도 몰리의 독백을 통해 같은 작업을 수행하지만, 이 장에서는 아일랜드 여성의 숨겨진 측면을 폭로한다. 실은 두 가지 의미심장한 방식으로 거티가 몰리의 전조를 보여주는 것. 거티는 몰리처럼 남자들 편에서 더 많이 이해해 줄 것을 요구하고, 특히 여자들의 내밀한 고백을 듣는 신부에게 의지하려 한다. 조이스는 여러 차례 거티와 몰리를 성모에 빗대고 있다.

거티는 궁극적인 결과는 차치하고라도 소통의 순간으로 블룸을 끌어들이면서 블룸—어둡고 비탄에 잠긴 이방 나그네—을 '유혹하려면' 어떻게 해야 하는지를 정확히 꿰고 있다. 살이 비치는 스타킹의 매력을 알고 있는 것. "그녀는 여성적인 육감으로 그 사람 속에 들어 있는 악마적 본성을 깨웠다는 것을 알아차렸다." 그녀는 '피터 아저씨'에게 시간을 물으러 가는 시씨 카프리에게서 공모자의 행동을 감지한다. 과거에 버사 서플로부터 남자의 격정이 어떤 것인지 들었던 거티는 블룸이 그녀의 속옷이 드러나는 광경을 지켜보면서 주머니에 손을 넣고 있는 이유를 뻔히 안다. 그녀는 '맑고 결백한 축'과는 거리가 멀다. 요컨대, 〈초상〉의 제4권 끝을 향하는 경험의 절정에서 스티븐에게 소명을 발견하게 만든 소녀와는 다른 부류다. 당시 스티븐은 '세속의 성모'가 자유의 유럽행을 손짓으로 인도한다고 해석했다. 그러나 〈율리시스〉에서 조이스는 이 고양된 순간에 느낀 인간 본성의 한계도 효과적으로 그려 내고 있다. 연속으로 기획된 〈율리시스〉가 뉴욕 사회에서 성적 부도덕 행위의 예방 차원으로 판금 조치된 이유는 성적인 것과 성스러운 것을 '불경스럽게' 섞어놓은 점뿐 아니라 구석진 곳으로 밀려나 있던 여성의 보다 은밀한 격정을 만천하에 드러냈기 때문이다.

앞서 언급했듯 '나우시카' 장의 후반부는 대부분 사정 후 축 늘어진 블룸에게 떠오른 생각을 다루고 있다. 따라서 생리적인 생각이 그의 머리를 채우고 있는 것은 당연하다. 다가오는 클린치 부인을 보면서 창녀로 오인했던 기억을 떠올린 블룸은 미스 거리에서 지저분한 소리를 떠들어대던 소녀에게 돈을 쥐어준 일을 생각하고, 멀비와 몰리의 애정행각을 떠올리고는 호우드 언덕에서 몰리와 육체적으로 사랑을 나누던 때를 회상한다. 보일런이 몰리에게 성행위의 대가로 돈을 지불할지가 궁금하던 블룸은 진짜 장사꾼처럼 몰리의 가치를 환산해 본다. 그는 '바닷가의 소녀들'에 대한 보일런의 노래를 떠올리는데, 다름 아닌 거티와 두 친구가 그 소녀들이다. 대개의 경우 블룸은 '진흙 속의' 낡은 '작대기' 꼴이고, 그의 '작대기(남근)'는 힘이 없지만, 모래판에 던진 필기구는 말 그대로 똑바로 박힌다. 이 장의 마지막 부분에서 들리는 뻐꾸기 소리가 암시하듯 성행위를 놓고 온갖 생각을 하는 블룸 자신이 막상 부정한 아내를 둔 남자가 되고 만다.

'나우시카' 장은 다른 장과도 여러 면에서 연결되어 있다. 예를 들면, 블룸은 그의 시계가 몰리와 보일런의 성관계 시간일 법한 오후 4시 반에 멈춰진 것을 알고 있다. 그가 끈적끈적한 정액 묻은 물질을 포피에서 빼내며 "오!"라고 외치

는 장면은 '키클롭스' 장에서 매독에 걸려 고통스럽게 소변을
보던 익명의 서술자를 연상시킨다.(블룸의 할례 여부는 최근
학자들 사이에서 논란이 있지만, 비랙의 유전적 계보를 추적
해 보면 그는 유대인이 아닌 것으로 나오기 때문에 비유하자
면 '길짐승도 날짐승도 아닌' 존재로서 더블린에서 소외된 그
의 사회적 위치와 조응된다.) 또한 블룸이 '아이올루스' 장에
서 자기 걸음걸이를 흉내 내던 신문사 소년을 분명히 의식하
고 있었다는 사실이 드러나면서 그때처럼 상상의 세계로 도피
하는데, 이번에는 자신의 바닷가 경험을 이야기한 팃비츠 수
상작 "바닷가의 정체불명 사나이 The Mystery Man on the
Beach"를 출간할 생각에 잠긴다. 그는 '키클롭스' 장에서 시
민에게 도전했다는 사실이 뿌듯하다. "거기서 나는 격분했던
거지." 그런데 자신의 성행위에 대해서는 뽐낼 게 없는 블룸
의 다소 자신 없는 모습은, '아이올루스' 장 끝에서 스티븐이
소개했던 자두의 우화를 연상하게 한다. "보일런 그 작자는
자두를 얻었는데 난 자두 씨에 만족해야 하는군."

　　'나우시카' 장이 끝나갈 때 모래에 "나는 하나의 …이
다"라고 쓴 블룸의 행위는 해석이 분분하다. 비평가들은 조이
스의 의도를 두고 여러 가지 논의를 해왔다. 블룸은 '간음을
저지른 여인'을 구하고자 땅바닥에 무엇인가 알 수 없는 내용
을 적던 그리스도의 역할을 한 것이거나 구약의 신처럼 "나는
스스로 있는 자"임을 공언했는지도 모른다. 아니면 조이스 비

평가 프리츠 젠이 지적하듯 'ama'를 라틴어 철자로 보면 사랑의 뜻이므로 블룸은 사랑을 염두에 두었다고 볼 수도 있다. 그런데, 이 장에서 블룸의 생각이 출산의 고통을 사흘째 겪고 있는 퓨어포이 부인에게 가 있다는 것은 확실하며, 다음 장에서는 그녀를 찾아가게 된다. 비록 블룸이 가계를 잇고 유대인의 의무를 이행할 목적으로 사용되면 좋았을 정자를 아깝게 흘렸지만, '나우시카' 장의 마지막까지 마음씨 착한 영웅임에는 변함이 없다.

Chapter 14

태양신의 황소들

이 에피소드는 밤 10시경에 시작해 대략 1시간 후에 끝난다. 장소는 더블린 소재의 국립산부인과 병원이다. 그 병원의 원장 가운데 한 명이 앤드류 J. 혼 박사인데, 스티븐 데덜러스와 친구들은 혼 박사의 이름으로 많은 말장난을 한다. 14장의 출산과 음주에서 나타나는 육체적 행위는 매우 단순하다. 반쯤 술 취한 스티븐은 거친 친구들 여럿과 술을 마시고 있다. 일부는 의대생이고, 레너헌처럼 단순히 아는 사람들도 몇 명 있다. 그곳에 모인 젊은 남자들은 산고로 꼬박 사흘을 고생한 산모 마이너 퓨어포이의 고통은 아랑곳없고, 몇몇은 그녀의 아들의 탄생에 대해 익살맞은 반응을 보일 뿐이다.

이 장의 시작 부분에서 블룸은 진통으로 고생하는 퓨어포이 부인이 걱정스러워 병원을 방문한다. 그는 그녀가 분만한 후에도 그곳에 머물며 스티븐을 지켜보기로 한다. 그 이유는 사이먼 데덜러스와의 우정, 그리고 스티븐이 음주와 색을 밝히는 동료들로 인해 재능을 탕진하고 있다는 걱정 때문이다. 이 장의 끝으로 가면서 스티븐은 친구들에게 버크 주점으로 자리를 옮겨 더 마시자고 제안하고, 그곳에서 압생트를 너무 많이 마신 나머지 만취한다. 그는 다른 사람들에게도 술을 사서, 디지 교장에게 받은 빈약한 봉급을 더 축낸다. 14장이 끝날 무렵 린치와 스티븐이 사창가 지역을 향할 때, '검정 옷을 입은 남자'로 언급되는 블룸은 즉흥적으로 자청해서 스티븐의 서투른 보호자 역할을 떠맡는다.

에피소드의 중간에 등장한 멀리건과 배넌은 배넌이 멀린거에서 밀리 블룸과 만났던 일을 이야기한다. 멀리건은 곧 자리를 뜨고 얼마 후 '키르케' 장에서 밝혀지듯, 스티븐과 린치는 11시 15분경에(사창가 지역으로 가는 도중에) 웨스트랜드 로 역에서 멀리건과 헤인즈와 합류한다. 이때 스티븐이 멀리건과 심하게 싸우다가 손을 다치지만 린치와 함께 창녀들에게 간다. 헤인즈와 멀리건은 아마 마텔로 탑으로 돌아갔을 것이다. 스티븐을 지켜보던 블룸은 엉뚱한 마차 정거장에서 내린 후, '키르케' 장에서 밤의 도시에 있는 스티븐을 서둘러 뒤쫓아 간다.

호머와의 폭넓은 조응은 '태양신의 황소들' 장에서 매우 중요하다. 오디세우스의 경고에도 불구하고 그의 부하들은 태양신 헬리오스의 소를 잡아 죽음을 자초함으로써 오디세우스는 트로이에서 시작된 항해의 유일한 생존자가 된다. 이런 '살육'의 문제는 조이스 작품에서 여러 측면으로 나타난다. 호머의 작품에 나타난 소의 살육과 〈율리시스〉에서 문학적으로

상응하는 살육은 케리 주의 소떼다. 구제역(스티븐이 힘을 써서 디지의 구제역 논문이 오늘 석간에 실렸다.)에 걸린 이 소들은 아마 리버풀에서 도살됐을 것이다. 그러나 이 소떼의 살육보다 훨씬 더 큰 관심은 탄생과 죽음, 삶과 삶의 저지에 관한 전반적인 문제다. 조이스는 산아제한의 문제에 관한 한 다소 보수적이며, 새 생명의 태동을 막을지도 모를 기구들을 미더워하지 않는다.

이런 관점에서, 스티븐과 친구들이 말한 '불모'에 관한 토론에서 조이스는 불모 그 자체를 일반적인 인간의 무능, 즉 아일랜드의 부패에 대한 의문은 물론 신성을 의심하는 인간의 쓸모없는 천성 등과 유사한 것으로 보았다. 이러한 불모를 대변하는 인물이 멀리건이다. '텔레마코스' 장과 '스킬라와 카립디스' 장에서 제시되었듯, 불모의 멀리건은 다시 '악당'과 동등한 인물이 된다. 그는 자아도취적이고 무익한 성교를 대변하는 중요한 인물로서 14장 중간에 등장해 신규 사업을 알리는 명함을 청년들에게 건넨다. "멜러카이 멀리건 씨, 수정매개 및 인공보육업자. 람베이 섬." 그가 말하는 '신화적' 계획들은 성교와 번식에 관한 것으로 추정되지만 그의 착상에 대한 발표에 이어 망토와 우산들이 필두에 나타나면서 피임용구에 대한 말장난이 1페이지에 걸쳐 펼쳐진다. 이처럼 조이스는 멀리건의 성격 묘사에 엄격하지만, 블룸 역시 상처를 입지 않고 달아나지 못한다. 블룸은 모든 자선적인 보육을 위해, 이전의 에피소드에서 정액을 흘렸다. 이 상황에서 독자는 "사춘기의 비난받을 습관은 제2의 천성이고 중년에는 치욕의 대상이다"란 말을 떠올리게 된다. 그리고 블룸이 브라이디 켈리(상징적이며 풍자적으로, 성인 브리지드는 아일랜드의 순결의 수호신)와 가졌던 첫 번째 성교 역시 불임이 19세기의 감상적인 용어로 고려될 때조차 열매를 맺지 못했다. "그녀(브라이디)는 대낮의 태양 같은 황금 아기를 감히 낳을 수 없으리라." 이러한 근거들로 판단해 볼 때, 조이스의 출산과 삶에 대한 긍정적 태도는 '태양신의 황소들' 장의 도입부분에서 확실하게 증명된다. 14장의 줄거리와 주제가 제시되면서, 9개월의 임신기간은 소위 9개의 영어 '문장들'(단계, 발달의 국면들)에 의해 (느슨하게) 묘사된다. 어떤 학자들이 약간의 정당성을 근거로 이 장에 공들인 조이스의 문장 구성력을 비판하지만 만약 그가 의도하는 희화화의 진지한 목적들을 고려한다면, 이 장은 이해하기가 훨씬 쉬워진다. '태양신의 황소들' 장에서 진정한 주인공은 탄생의 과정 그 자체다. 조이스는 탄생 과정을 다루면서, 자신의 문학적 주제 의식과 더불어 관심을 갖고 있던 중요한 문제, 즉 영어의 탄생 과정에 초점을 맞춰 14장(그리고 〈피네간의 경야〉)에서 자신의 언어적 수태가 어떻게 열매를 맺게 되었는지를 증명해 보인다.

　　독자가 '태양신의 황소들' 장의 언어를 이해하기는—처음의 몇 페이지에서 매우 두드러지게—정말 어렵다.

첫 번째 문단의 등장은 단순히 "(은유적으로) 태양 쪽으로 몸을 돌려 (혼 박사의 병원이 있는) 홀레스 가로 가라"는 의미이고, 두 번째 문단은 태양신에 대한 기원(호머적 조응)이다. 여기서는 퓨어포이 부인의 아기가 출생하고 있는지 물어본다. 세 번째 문단은 산파가 사내아이의 탄생을 알릴 때 내는 예상된 외침이다. 그 다음에 서술된 (긴) 세 개의 문단은 영어 이전의 언어인 라틴어 문체로 쓰였다. 이 문구는 나라가 전반적으로 가난하지만, 산모에게만큼은 의학적 치료와 보살핌을 아낌없이 제공하는 켈트족의 전통에 대한 찬양이다.

따라서 독자는 의식의 이면에서 14장의 소박한 출산과정을 지켜보면서 그 과정보다는 다양한 형태의 영어를 자유자재로 구사하는 조이스의 기법에 주의를 집중해야 한다. 고대 영어풍의 언어는 그 범위를 레오폴드 블룸의 사명에 국한시키고 있다. 블룸은 방랑하는 유대인과 베어울프*의 중간쯤에 위치해 있다. 예를 들어, 블룸을 묘사할 때 조이스가 다음 구절을 어떻게 삽입하는지 생각해 보라. "이 산원까지 그를 홀로 인도한 것은 바로 인간에 대한 참된 동정(연민)의 사명이었도다." 이와 마찬가지로, 삶의 한가운데서도 떠올리는 죽음에 관한 우울한 생각은 오래된 중세의 권선징악을 다룬 연극 〈보통 사람 *Everyman*〉을 통해 제시된다. "최후의 끝인 당신의 죽

음을 생각할지니…" 그런 후에 조이스는 존 버니언[*]의 문체를
모방해서 블룸('평온케 하는 자')과 스티븐('허풍선이')의 역
할을 명확하게 규정한다. 버니언이 언어를 다루던 방식과 똑
같이 피임용구, 즉 '아이를 죽인다고 일컬어지는 방패'는 본래
의 권리를 지닌 등장인물이 된다. 버니언의 시대 이후의 세기
에 찰스 램[**]의 수필은 종종 어린 시절의 기억들 주변을 맴돌았
다. 14장에서 조이스는 그 기억들을 블룸이 자신의 열매 없는
과거를 회상하는 모형으로 사용한다. 그리고 훨씬 나중에 문
학사적으로, 만족스러워하는 어머니와 아이를 환상적으로 묘
사하는 디킨스적 감상주의가 나타났다. 그러나 조이스는 이렇
게 피상적으로 해석하는 역사적인 작품들과 다르게 개인의 삶
을 묘사한다. 오히려 마이너 퓨어포이가 막 겪어낸 힘겨운 고
통을 강조한 것이다. 한편, 멀리건이 헤인즈와 자신의 검은 표
범에 대해 인상적이고 차갑게 회상하는 장면은 19세기 고딕
소설 양식으로 서술되어 있다. 그리고 14장이 끝나는 부분에
서 나타나는 근대 속어는 술 취한 인물들의 기괴한 행동들을
보여주며, 우주론적 차원에서 서양 문화와 언어의 파멸을 예
견한다.

　　　이런 연유로 〈율리시스〉는 우주적이며 동시에 풍자적

---

[*] **존 버니언**(John Bunyan, 1628-88): 영국 설교가이자 우화 작가. 대표작 〈천로역정 *The Pilgrim's Progress*〉.

[**] **찰스 램**(Charles Lamb, 1775-1834): 영국 수필가. 대표작 〈엘리아의 수필 *Essays of Elia*〉.

인 소설이다. 특히 14장에는 여러 문체가 혼합되어 있으며 종종 풍자적 생각이 우세하지만 대단히 심각한 언어적 풍자들이 매우 익살스럽게 묘사된다. 예를 들어, 블룸은 병원을 방문하는 동안 중세의 기사로 나타난다. 아울러 독자는 딕슨 의사가 1904년 5월 23일에 벌에 쏘여 고통받는 블룸을 도와주었다는 사실을 알게 된다. "왜냐하면 한 마리의 끔찍하고 무서운 용이 그의 가슴을 찔러 지독한 상처를 입었거든." 블룸은 또한 (기사처럼) 여행에 지쳐 있고, ('나우시카' 장의 해변에서) '때때로 음탕한 일'을 겪은 뒤라 '사지가 쑤신'다. 또 다른 예도 역시 익살스럽다. 14장에서 젊은 남성들의 외설적 조롱은 과장된 수사학적 용어로 말하면 소크라테스의 담론과 비교된다. 14장의 끝에는 미국 흑인의 속어가 기존 언어를 파괴하면서 혼란스런 목소리로 삽입되었다. 조이스는 이러한 속어를 사용하여 디그넘의 미덕을 칭찬한다. "모든 사람들 가운데서도 대머리 패트 선상님이 끝내주셨지."

그러나 조이스는 '태양신의 황소들' 장 몇몇 대목에서 무대의 배경 막을 통해 정교한 언어의 연결고리를 끊어놓으면서도 〈율리시스〉를 제대로 이해하는 데 필요한 명백하고도 완전한 정보를 제공한다. 예를 들어, 스티븐은 정말로 뇌우를 무서워하고, 블룸은 그를 진정시킬 수 없다. 스티븐은 자기가 신성을 모독했기 때문에 신이 보복하려고 천둥을 치는 것이라고 어설프게 믿었고(흥미롭게도 조이스 역시 뇌우를 두려워했다.)

'네스토르' 장에서는 신을 거리의 소음으로 규정하는데, 지금 그 징벌이 가까이 다가온 것처럼 보인다. 덧붙여 천둥은 항상 천둥신 토르의 망치와 연관되어 있으며, 조이스는 이 소설을 확실하게 '토르의 날'에 맞춰놓는다.

마침내 이 장에서 스티븐과 블룸이 만난다. 조이스가 소설이 시작된 이후로 계속해서 준비했던 만남이었고, 분명하게 말을 주고받지는 않지만 '키르케' 장에서 벌어질 그들의 토론을 예시한다. 조이스는 곧바로 두 남자의 배경에 대한 파편을 짜 맞추기 시작한다. 블룸은 1887년 5월 매트 딜런 씨의 집에서 만났던 때를 회상한다.(그곳에서 벌어진 공치기 시합에서 블룸이 멘턴을 이긴 일이 있다.) 그 당시 너더댓 살이던 스티븐은 솜털로 짠 옷을 입고 있었다. 블룸은 그 옷을 보고 죽은 아들 루디, 그리고 몰리가 루디와 '함께 묻으려고' 짰던 '양털 코르셋'을 떠올리고 슬픔에 잠겼던 적이 있다. 그는 루디를 대신할 아들을 찾지만 아직 명확하게 '상속자가 될 사내아이가 없는' 상태여서 복잡한 심정으로 "친구(사이먼)의 아들인 그(스티븐)를 바라보았다…"

Chapter 15

키르케

15장은 다른 장들에 비해 호머의 서사시와 상관성이 비교적 덜하다. 〈오디세이〉에서는 키르케가 오디세우스의 부하들을 돼지로 만들어버렸지만 오디세우스는 결코 키르케의 마력에 굴복하지 않았다. 〈율리시스〉에서 키르케는 벨라 코헨(15장의 상징적 여성)이다. 그녀는 더블린의 홍등 지역의 한가운데인 타이론 가 82번지에서 매춘부 집을 운영한다. 조이스는 그 지역을(1904년의 더블린 사람들은 그렇게 부르지 않았지만) 밤의 도시라고 명명한다. 오디세우스의 부하들처럼 몸이 바뀐 블룸은(물론, 오디세우스는 외모가 바뀌지 않았다.) 인격의 타락을 경험하게 되고, 15장은 함축적으로 그 같은 타락에 부수되는 감정의 정화작용을 일으킨다.

물론 조이스는 '키르케' 장의 각 사건에서 환각을 일으키는 인물들을 등장시키는 데 호머의 서사시가 필요하지 않았다. 문학에서는 T. S. 엘리엇이 허구적 인물들을 '객관화하는' 내적 상태, 즉 '객관적 상관물들'이라고 불렀던 전례들이 풍부한데, 그 중에서 4가지 예를 들어보자. 콜리지의 서사시 〈늙은 선원의 노래 *The Rime of the Ancient Mariner*〉에서 주인공의 정신적 건조함은 바다라는 환경의 황량함에 반영되어 있고, 〈맥베스 *Macbeth*〉의 마녀들은 맥베스와 뱅코의 권력에 대한 욕망을 확실하게 발산시킨다. 파우스트의 '발프르기스의 밤 Walpurgisnacht'은 인간이 지닌 욕망의 보다 어둡고 광란적인 면을 나타낸다. 아울러 레오폴드 본 자허마조흐의 〈모피를 두른 비너스 *Venus in Furs*〉(1870)는 성적인 심리행동을 새롭고 놀라운 문학적 예술형식으로 향상시켰다. 그러나 호머와 조이스는 분명히 보편적인 심리학 주제에 관심이 많았지만 성욕에 대한 서술이 두려워 등장인물들을 '동물'로 변화시켰을 것이다.

독자는 블룸(덜 중요하지만 스티븐)의 표현주의자적 시각을 검토해야 하는 것뿐 아니라 15장의 문학적 서술을 규정하는 것이 중요하다. 따라서 독자의 편의를 위해 이 장을 3개의 부분으로 나누면 우선 첫 부분은 코헨 부인이 설치한 뮤직룸에서 스티븐이 블룸을 쳐다보는 장면까지다. 여기서 스티븐은 블룸에게 몸을 돌려 "한 박자, 여러 박자, 그리고 반(半)박자"라고 말한다. 똑같은 표현이 성경에서는 심판의 날이 도래하기 전에 시간의 길이를 설명하려고 사용되었다. 스티븐에게 이 심판의 '날'은 환영 속에서 죽은 어머니를 만나는 '키르케' 장의 두 번째 부분에서 도래한다.

'키르케' 장은 밤의 도시의 입구인 마보트 거리에서 가벼운 어조로 시작한다. 첫 페이지에서 언급된 난쟁이 여인과 늙은 난쟁이는 의심의 여지없이 아이들이지만 조이스가 사용한 황홀한 마법 안개를 통해 왜곡되어 보인다. 또한 스티븐과 린치가 영국 병사 콤튼과 카아를 마주보며 지나칠 때 밉살스러운 카아가 검은 옷을 입은 스티븐을 보고 목사님이라고 부르는데, 이는 이 장의 끝부분에서 스티븐이 당하게 될 고통의 전조가 된다. 나중에 카아는 스티븐을 때려눕힌다. 역시 스티븐의 정체를 모르는 창녀는 린치와 그를 트리니티 칼리지 의대생이라고 믿는다. "꼿꼿이 서 있기만 하고 돈은 한 푼도 없어." 그러나 스티븐은 — 짐작만 할 수 있을 뿐이지만 — 필시 러셀에게 빌린 1파운드를 갖고 한 번 잤던 조지나 존슨('스킬라와 카립디스' 장)을 찾으려 하고 있다.

한편, 블룸은 스티븐과 린치를 따라잡으려고 숨을 헐떡이며 밤의 도시에 도착한다. 도중에 그는 두 명의 사이클 선수에게 스쳐 넘어질 뻔했고, 그 다음에는 모래를 뿌리는 차에 치일 뻔했지만 어쨌거나 이 일로 (그리스도처럼) 옆구리 통증이 사라졌다. 블룸은 스티븐을 따라가는 짓이 쓸데없다고 생각하면서도 '또래에서는 제일 나은 녀석'이라고 느끼고 계속 쫓아다니며 보살펴주려고 한다. 그 와중에 스티븐이 돈을 잃게 될까봐 걱정하기도 하는데, 결국 블룸의 추적은 어찌 보면 무의식적인 '천명'(운명 혹은 숙명)이다.

블룸은 주마등처럼 스치는 꿈같은 과정들을 거쳐 코헨의 건물 앞에 가까스로 도착한다.(그는 맥 부인의 집이라고 생

각한다.) 창녀 조이 히긴스(그녀의 성은 블룸 어머니의 처녀
적 이름과 같다.)가 블룸이 찾는 젊은이가 안에 있다며 그의
아버지냐고 묻는다.(이 장면에서 조이스가 사용한 반어법적
질문에 주목하라.) 블룸이 '아들'이 아니라고 '부인'하는 것은
의미심장하다. 계속해서 조이(그리스어로 '생명')는 재잘거리
며 거리낌 없이 속된 농지거리 ─ 예를 들어, "도토리들은 안
녕하신가요?"─ 를 해대고, 블룸의 반응은 독자들에게 신뢰를
심어주기 때문에 다른 주인공들보다 블룸에 대해 더 많이 알
고 있다고 확신하는 비평가들도 있다. 블룸은 그녀에게 그의
고환을 언급하면서 '반대쪽이야'라고 대답한다. "고놈이 오른
쪽에만 가 있으니 이상하단 말야. 그쪽이 한결 무거운 것 같아.
백만 명에 한 사람 정도라고 재단사 메시어스가 말하더군."(블
룸이 '스킬라와 카립디스' 장에서 박물관 앞의 나체 여신상에
서 한가운데의 곡선을 찾고 있었다는 사실을 기억하라.) 조이
가 블룸의 왼쪽 주머니에서 마법의 풀, 즉 까맣고 단단한 쭈그
러든 감자를 꺼낼 때 조이스는 예리하게 조이의 '촉촉한' 입술
에 초점을 맞추는데, 이것은 독자를 호머가 말하는 키르케의
울타리로 이끌고 있는 것이 분명하다.

조이가 담배를 피우자 블룸이 외설적으로 나무라고, 이
에 질세라 조이가 블룸에게 담배에 대해 즉석연설을 하라고
하면서 20페이지 이상에 걸쳐 블룸의 환영이 이어진다. 그 후,
블룸은 그녀를 포주집의 뮤직 룸으로 데리고 들어간다. 거기

서도 그녀는 "얼굴이 시커멓게 될 때까지 계속 얘기해 줘요"라며 채근한다. 이곳에서 블룸이 다소 측은한 남자로 비쳐진다는 사실에 주목하자. 그는 건물로 들어갈 때, 발을 헛디디지만 스티븐과 린치와 함께 있으려고 계속 들어간다. 그리고 뮤직 룸에 설치된 '사슴뿔처럼 생긴 모자걸이'를 보고 부정한 아내를 둔 자신을 떠올린다.

'키르케' 장의 두 번째 부분은 작품에서 가장 중요한 순간으로 절정에 해당한다. 스티븐은 죄의식을 심화시켜 그를 다시 교회로 이끌려는 어머니의 시도에 반항하며, 물푸레나무 지팡이로 포주집의 샹들리에를 깨버린다. 그가 상징적인 '빛'을 깨뜨리면서 외치는 "노퉁 Nothung!"은 상징적으로 바그너가 장엄한 오페라로 표현한 신화 〈니벨룽겐의 반지〉의 영웅 지크프리트의 마도(魔刀)를 뜻한다. 비평가들이 추측하는 이상으로 조이스가 바그너의 영향을 받은 것은 분명하다. 예를 들면, 조이스는 희곡 〈망명자들〉에서 주인공 이름을 '리처드 로완'이라고 붙이는데, '리처드'는 바그너의 이름이고, 'rowan(물푸레나무)'은 스티븐의 지팡이 재료이자 지크프리트가 비틀어 뽑을 때까지 여러 해 동안 영웅의 칼이 꽂혀 있었던 나무이기도 하다. 조이스는 샹들리에에 가해진 (문학적으로) 사소한 손상을 묘사하는 데 사용한 언어가 독자에게 샹들리에의 손상이 아니라 어머니의 환영에 대한 반항에 초점을 맞추기를 원하고 있다. (적어도 스티븐의 입장에서는) 이 부분이 작품의 정점이다. "시간의 검푸른 최후의 불꽃이 뛴다. 그리고 잇따른 어둠 속에, 모든 공간의 폐허, 산산조각으로 깨진 유리와 넘어지는 석조건물."

따라서 조이스가 '키르케' 장에서 주의 깊게 서술한 많은 요소는 스티븐의 환각과 반항적 행위를 잘 설명해 준다. 예컨대, 그의 상상력이 더럽혀진 것은 어린 시절에 안경을 깨뜨린 사건에서 야기된다. 그리고 멀리건과 싸우다 손을 다쳐 힘을 쓸 수 없고, 배가 음식이 아니라 술로 가득 찬 상태에서도 창녀들과 열정적으로 계속 왈츠를 춘다. 이런 행위들은 육체적인 요구일 뿐이다. 반면, 형이상학적이고 정신적인 요구들은 그의 어머니 속에 구체화되어 있고, 어머니는 그런 요구를 아들에게 한다. 장남인 스티븐은 친구들과 가깝게 지내지 못하고 외로웠을 때 어머니가 다독여주었던 기억과, "더 이상 섬기지 않겠다(non serviam)"는 의지가 신에게 전달될 만큼 확고했지만 어머니가 고통받는 영혼을 위해 무릎 꿇고 기도해달라고 강요했던 일을 떠올린다. 그리고 마지막으로 어머니가 돌아가실 때 노래를 불러드렸던 일과 기도를 거절해서 (지금 '죽은 모습'으로 나타난) 어머니를 죽게 만든 사람이 바로 너라고 했던 멀리건의 말도 생각난다.

따라서 이 부분은 스티븐이 겪는 '영혼의 어두운 밤'을 내포하고 있고 블룸의 시련보다 덜하지 않다. 왜냐하면 스티븐의 모든 비밀스런 강박관념들이 완전히 벌거벗겨진 밤이기 때문이다.

　　한편, 블룸의 자학적인 소동은 돼지 같은 벨라 코헨의 등장과 함께 시작된다. 그 소동은 바지 뒷단추가 '툭'하고 터지는 소리에 그가 정신을 차리면서 (일시적으로) 끝이 난다. 그 시점에 블룸은 벨라를 거부하고(코헨은 피학적인 과정에서 남성을 뜻하는 라틴어 벨로로 언급되었지만 지금은 진짜 이름을 되찾는다.) 그녀의 육체적 결점들을 지적하기 시작한다. 이렇게 일시적으로 의식의 세계로 돌아온 블룸은 스티븐이 바가지를 쓰지 않도록 지켜준다. 그렇지 않았으면 벨라 코헨이 분명히 스티븐을 속여먹었을 것이기 때문이다. 그러나 유감스럽게도 스티븐은 블룸이 "파운드 지폐는 자네 거야"라며 돈을 돌려줄 때조차 고마워하지 않는다. 어쨌든 코헨을 물리치고 스티븐을 '구출'한 블룸의 뿌듯함은 블레이지즈 보일런이 몰리와 격렬하게(아니면 억제하며) 관계하는 장면을 지켜보는 상상을 하기 시작하면서 이내 사라지고 만다.

　　블룸의 정신세계를 논할 때 중요하게 취급되는 자학적 경향은 많은 비평가들의 주목을 받아왔다. 어떤 비평가는 그것이 익살스럽다거나 섬뜩하다고 말하는가 하면, 우리 모두에게 내재된 보편적인 특성을 드러낸다고 말하는 비평가도 있다. 확실히 블룸의 정신세계는 발 숭배, 복장도착, 호분증(배설물에 대한 비정상적인 애착), 그리고 그의 침대 위에 걸린 벌거벗은 요정에 대한 죄의식으로 구성되어 있으나 이것들은 유별

난 성향 중 네 가지를 지칭한 것에 불과하다. 그러나 조이스는 완전히 개인적인 인물을 묘사하려고 했기 때문에 블룸의 잠재의식 속에 이처럼 다양하고 색다른 요소들이 들어가야 할 필요성을 분명히 느꼈고, 그런 요소들을 모두 내보이는 대목은 '키르케' 장이 되어야만 했다. 블룸이 다른 사람이 권하는 두 번째 술을 마셨다면 그의 평상시 견해와 상충되는 모든 모습을 설명할 수 없었을 것이기 때문이다. 아울러 조이스가 묘사하는 성적 악몽은 블룸에게 정화작용을 하고, 끝부분에서는 스티븐을 훌륭하게 돕도록 해준다. 마지막으로, '키르케' 장에서 블룸의 꿈들이 죄를 씻는 행위라는 조이스의 신념은 프로이트의 이론에 확실히 근접해 있다.

'키르케' 장의 세 번째이자 마지막 부분은 스티븐이 사창가에서 뛰쳐나오는 장면으로 시작된다. 그리고 블룸은 (일시적으로 죄를 씻어내고) 독자가 이전에 단 한 번 보았던, 즉 '키클롭스' 장의 끝에서 시민에게 되돌아가 대담하게 말했던 행동과 같은 일면을 드러낸다. 가장 먼저 15장에서의 블룸은 14장에서 도망친 것처럼 물러나지 않는다. 대신에 그곳에 머물면서 병사들과 경찰에게 용감하게 행동하며 스티븐을 돌본다. 그는 벨라가 깨진 샹들리에 값으로 10실링을 요구하자 몹시 화를 내면서 포주로 일해 번 돈으로 옥스퍼드 대학교에 다니는 아들을 지원하고 있다는 사실을 폭로하겠다고 위협하고, 우격다짐으로 손상된 시설물에 대한 보상으로 1실링을 받아들이도록 상황을 조성한다. 린치(유다 같은 인물)가 스티븐을 버리고, 코니 켈러허가 샌디코브가 너무 멀어 스티븐을 집까지 데려다줄 수 없다고 할 때도 블룸은 스티븐 곁을 떠나지 않는다.

한편, 스티븐은 카아에게 당한 고통으로 "그러나 이 속에 있는 사제나 왕을 죽여야 할 사람이야말로 나 자신이야"라고 말하며, 자신의 삶을 상징적으로 비평한다. 카아는 스티븐이 에드워드 7세를 암살할 우려가 있다고 생각하고, 스티븐이 압생트를 마셨다는 블룸의 호소를 들으려고 하지 않는다. 실제로 스티븐이 아일랜드가 영국과 로마 가톨릭이란 이중 폭군에게 사로잡혀 있다는 말을 반복하지만, 카아가 스티븐을 공격하는 행동이 더욱 상징적이다. 블룸이 스티븐은 지금 '술 취한 상태다'라고 말한 직후에 일어나는 그 구타는 바로 방어력이 거의 없는 아일랜드에 대한 영국의 학대를 나타낸다.

15장의 세 번째 부분은 분위기가 어둠침침하지만, 스티븐이 사제와 왕에 대해 언급한 후 나타나는 웃기는 환영들의 이야기 외에도 익살스러운 부가적 의미와 미묘한 야유들로 가득하다. 예를 들어, 켈러허는 골드 컵 경마에서 돈을 잃었던 누군가를 밤의 도시에 데려왔는데, 이 사람이 어쩌면 블레이지즈 보일런일지 모른다. 그렇다면 이러한 사실은 특히 '페넬로페' 장에서 몰리가 회상하는 블레이지즈의 성적인 취향에 비춰볼 때 믿을 수 없는 의외의 일이다. 한편, 가엾은 블룸은 '선한 사마리아인' 같은 모든 선행을 베풀고서도 (다시) 오해를 받는다. 켈러허는 블룸이 성욕 때문에 창녀들에게 드나들었던 것으로 생각하고 흐리멍덩한 눈으로 곁눈질하면서 한 마디 던진다. "나나 당신처럼 경험 많은 사람에게는 가당찮은 일이죠."

따라서 '키르케' 장은 가장 소름끼치는 장면으로 끝난다. 산전수전 다 겪은 블룸은 여기에서 훨씬 더 깊은 슬픔을 경험한다. 만약 루디가 살아 있었다면 되어 있을 모습이 그에게 나타나기 때문이다. 그 같은 블룸의 형상은 이상적이지만 몹시 실망스럽다. 그러나 사실적이고 감동적이기도 하다. 독자는 블룸이 인류를 구성하는 모든 요소들을 지닌 훌륭한 복합체임을 새롭게 깨닫는다. 경이로움과 아름다움을 품는 그의 능력은 '세상의 어린양'인 꼬마 루디의 비참한 환영 속에 극적으로 드러난다.

Chapter 16

에우마이우스

이타카로 귀환한 오디세우스는 충성스러운 돼지치기 에우마이우스를 만난 이후 텔레마코스와 상봉하고 페넬로페의 구혼자들을 살육한다. 조이스의 소설에서 산양껍데기 (제임스) 피츠해리스가 운영한다는 커피하우스는 상징적인 장소다. (독자는 피츠해리스가 '아이올루스' 장에서 명확하게 논의된 피닉스 파크 암살사건 후에 유인 차량을 몰았다는 사실을 떠올려야 한다.) 그리고 16장에서 블룸과 스티븐은 블룸의 집으로 가기 전에 이야기를 나누기 위해 이곳에 들른다. 이 장에서 호머와의 조응은 변장이란 주제와 방랑자의 귀환에 대한 비유적 표현을 강조한다. 어느 누구도 귀향한 선원의 실명이 'W. B. 머피'인지, 혹은 블룸과 오디세우스처럼 정말로 수년간 만나지 못한 아내에게 돌아갈 것인지 알지 못한다. 또한 블룸처럼 파넬이 정말로 '귀향'할 것인지, 다시 말해, 파넬의 관 안에는 돌멩이만 넣어 매장했는지 누가 알겠는가? 그리고 더 중요한 문제는 블룸이 어떤 의미심장한 방법으로 몰리에게 돌아갈 수 있을까, 하는 것이다.

밤의 도시에서 한바탕 소동을 겪은 블룸과 스티븐은 새벽 1시 경 무알코올 음료를 마시려고 피츠해리스가 운영하는 마부의 오두막으로 걸어가는 도중에 빈털터리 콜리(《더블린 사람들》의 "두 건달"에서 갈취하는 자)를 만난다. 스티븐은 그 녀석에게 약간의 돈을 빌려주고, 디지의 학교에 쓸 만한 일자리(스티븐은 곧 학교를 그만둘 작정이다.)가 생길 것이라고 말한다. 이어 오두막 안으로 들어온 블룸과 스티븐은 머피의 방랑들, 지브롤터 여성의 감수성, 민족주의, 종교 등 여러 주제를 놓고 토론한다. 그리고 블룸이 읽는 이브닝 텔레그래프 신문에는 '하데스' 장에서 오해로 야기된 부분적인 실수들이 실려 있다. 잠시 스티븐을 집으로 데려가는 것의 결과와 몰리의 불평까지 저울질한 블룸은 마침내 결정을 내리고("멀지 않아. 내게 몸을 기대게.") 함께 에클레스 가 7번지를 향해 출발한다.

스티븐을 도우려는 블룸의 동기는 거의 애타적이다. '하데스' 장에서 블룸이 스티븐을 보았을 때, 스티븐은 '충실한 반려자'인 '상스런 사내' 멀리건 없이 혼자였다. '에우마이우스' 장에서 반복되는 이 구절은 블룸이 스티븐에게 지금 필요한 것을 확실하게 챙겨주고 있음을 나타낸다. 블룸은 스티븐에게 건장하지만 얄팍한 벽 멀리건을 멀리하라고 경고해, 스티븐을 돕고 있다는 사실을 분명하게 보여준다. 멀리건이 '익살스러운 언행을 잘하는' 것은 사실이지만, 블룸은 그를 믿을

수 없는 사내라고 느낀다. '태양신의 황소들' 장에서 의대생들이 술을 마실 때, 스티븐이 눈치 채지 못한 멀리건의 언행을 많이 관찰했기 때문이다. 블룸은 멀리건이 스티븐의 술에 무언가를 넣었을 것이라고 믿는다. 그는 스티븐이 최근에 파리에서 돌아온 명석하지만 '아직 모든 것이 갖춰지지' 않은 젊은이라고 생각해 측은해 하고, 스티븐의 눈에서 스티븐의 누이동생들과 아버지의 소망을 읽는다. 그는 '훌륭한 두뇌를 축복받은 청년이… 방탕한 여인들과 귀중한 시간을 낭비하는' 현

실을 애석하게 여겨 절름거리는 앞발(스티븐의 부상당한 손과 조응)을 가진 개, 즉 스티븐을 집으로 데려왔다. 아닌 게 아니라 비록 몰리가 화를 낼지라도, 이런 일을 어찌 다시 하지 않겠는가?

블룸은 (그를 다시 20세기 그리스도의 형상으로 만드는) 호의적으로 행동하지만 그 동기가 순수하지 않을 때도 있다. '에우마이우스' 장을 조심스럽게 읽으면, 블룸이 순수하고 훌륭한 성인인지 단지 웃기는 주인공인지, 하는 진부한 개념은 사라져버린다. 예컨대, 스티븐의 재능뿐만 아니라 인격에 관해 확신하며, 종종 스티븐이 자기에게 도움이 될 방법이 없을지 상상한다. 그런데 블룸이 상상하는 새로운 오페라단을 '지방신문에서 추켜올려' 광고할 수 있게 도와줄 수 있는 인물이 작가이면서 틀림없이 '약간 허풍기가 있는… 녀석' 스티븐이다. 어떻게 보면, 블룸은 '사색의 양식을 마련해 줄 수 있는 비범하지 않은 자와의 교제…'를 통해 얻을 수 있는 혜택을 노리고 기꺼이 돈 몇 푼을 쓰면서 집으로 데려간다는 것을 인식해야 한다. 달리 말해 블룸은 상술적이고 광고적인 측면에서 스티븐으로부터 약간의 '사고의 양식'을 얻으려고 약간의 '음식과 숙박'을 희생하는 것이다. 게다가 스티븐과의 만남에서 팃비츠에서 출판할 만한 내용을 발견할지도 모른다. "말하자면, '마부의 오두막에서 나의 경험들.'" 그렇지 않으면 스티븐이 아버지 사이먼의 멋진 목소리를 타고났으니, 오페라단에서 테너를 훌륭하게 해낸다면 블룸은 상당한 이득을 볼 수도 있다. 마침내 블룸은 스티븐의 성격을 가장 잘 요약한 말을 한다. "첫인상으로 미루어 약간 쌀쌀하다든지 아니면 좀처럼 심정을 토로할 것 같지 않았지만, 그 같은 기질이 어느 정도 블룸의 마음에 들게 되었다." 이미 많은 독자들도 똑같이 느끼고 있을 것이다.

애석하게도 두 사람 사이에는 다른 점이 너무 많기 때문에 진정한 조화를 이루거나 보완적이 되지 못하고, '에우마이우스' 장에는 그들의 일시적 우정을 소멸시키는 씨앗들이 담겨 있으며, 그 우정은 6월 17일 이후에 끝난다. 궁극적으로는 이들 사이의 격차가 너무 크다. 따라서 조이스는ー블룸과 스티븐이 오두막에 들어갈 때조차ー오해가 16장의 열쇠임을 분명하게 밝힌다. 예를 들면, 블룸은 한 무리의 이탈리아인들이 아이스크림 차 주변에서 말다툼할 때 사용한 언어를 칭찬하지만, 스티븐은 "그들은 돈 때문에 말다툼하고 있었어요"라며, 블룸이 '아름다운 언어'라고 동경하는 이탈리아어를 깎아내린다. 머쓱해진 블룸이 얼마 후 다시 매춘의 위험들(성병의 확산)을 지적하자 스티븐은 아일랜드 사람들이 몸보다 훨씬 더 큰 것, 즉 영혼을 팔아왔다고 단언한다. 아울러, 셰익스피어의 연극을 베이컨이 썼을 수도 있다는 블룸의 지적은 감상적이다. 스티븐은 이미 '스킬라와 카립디스' 장에서 셰익스피어에 대해 매우 심오한 토론을 한 상태이기 때문이다. 여기서 다시 자신이 새롭게 제안한 사회주의적 상황에서는 모든 사람이 일을 해야 한다는 블룸의 주장은 엉뚱한 이야기인데, 그는 시 쓰는 작업을 일종의 '노동'으로 정의할 수 있기 때문에 스티븐 역시 자신의 주장을 받아들일 수 있을 것이라고 서둘러 설명한다. 그러나 '두뇌와 근육' 모두가 아일랜드에 속한다는 블룸의 확신은 스티븐의 수수께끼 같은 대꾸를 이끌어낼 뿐이다. "아일랜드는 제게 속해 있기 때문에 틀림없이 중요해요."

블룸과 스티븐을 정신적 태도와 철학적 측면에서 살펴볼 때, 가장 크게 차이가 나는 부분은 종교를 대하는 관점이다. 블룸은 스티븐이 '훌륭한 가톨릭 신자'라고 생각하면서 이 판단을 계속 언급한다. 이 말은 결국 "실제로 자네는 정통파가 아닌가?"라는 물음으로 요약된다. 또 다른 예를 들면, 스티븐은 인간의 영혼을 주제로 토론할 때, 그들 사이의 대조를 분명하게 설명해 주는 '순수한'이란 단어를 사용하는데, 블룸은 "순수하다니? 나는 그 단어가 영혼에 적절하다고 생각할 수 없네"라고 대꾸한다. 스티븐은 '순수한' 것, 즉 영혼은 파멸하지 않는다는 학자적 정의를 염두에 두고 한 말이므로 그에게 신은 순수하고 영혼도 순수하다. 그러나 블룸은 그런 복잡한 개념을 이해하는 지적 수용력이 부족하고, 돈과 정치라는 현실 세계의 구렁에 빠져 있으며 앞으로도 항상 그럴 것이다.

방랑이란 주제는 W. B. 머피에게서 전형적으로 나타난다. 그는 결코 타인과 어울릴 수 없는 운명이고, 교묘하게 여기저기 이동하면서 살아간다. 전형적인 아일랜드 사람처럼 수다와 아첨을 떨며 붉은 턱수염을 기른 그의 이름이 정말 머피라면, '키클롭스' 장에 등장하는 교활한 화자를 닮았고, 거짓말로 자신의 인생을 만들어내는 호전적이고 술 취한 부적응자다. 그리고 여러 면에서 전형적인 아일랜드인의 가장 나쁜 특성들을 대표하지만 다양한 인격과 단점을 상쇄하는 매력적인 특징들이 넘친다. 예를 들어, 16장에서 머피는 돛대가 세 개인 범선 로즈빈을 타고 왔으나 스티븐은 이미 '프로테우스' 장에서 그 배를 보았다. 따라서 독자는 그 배가 운반하는 벽돌이 앞으로 어떤 단서를 제공할지 궁금하다.(독자는 다시 파넬의 관에 들어 있을 것이라고 추정되는 돌멩이들―그의 시신 대신―과 조이스가 〈피네간의 경야〉에서 특색 없는 영웅의 전형을 술 취한 벽돌공의 조수에게서 찾았다는 사실을 떠올리게 된다.) 돌아온 오디세우스를 흉내 내는 또 다른 영웅의 화신 머피는 7년 동안 보지 못했던 아내에게 자신을 다시 소개하려던 참이다. 블룸은 소설에서 귀향했던 여러 영웅들을 생각하며, 그가 품고 있는 의심을 곧 다가올 재결합의 모습에 투사할 수밖에 없다. 만약 그들이 귀향자를 더 이상 원하지 않는다면 어떻게 될까? 그리고 어쨌든 머피의 진짜 이름은 무엇일까? 그림엽서가 암시하는 대로 그는 정말로 '세뇨르 A. 부르뎅'일까?

그러나 머피의 사적인 속설들보다 훨씬 더 효과적인 것이 파넬의 이야기다. 그의 이야기는 블룸의 외로운 절망과 처지를 더욱 잘 묘사한다. 블룸은 보잘것없는 이타카로 귀가하는 배회자다. 조이스 전문가에 의하면, 파넬은 키티 오셰이란 정부 때문에 파멸했다. 몰리처럼 키티는 '귀염둥이 여인…'이었다. 오셰이 부부의 이혼 재판 동안 파넬은 웃음거리가 되었다. 누군가가 파넬이 잠옷을 입은 채 키티의 방에서 사다리를 타고 내려오는 모습을 목격했다고 폭로했기 때문이다. 이처럼 17장에서 열쇠가 없는 블룸이 집에 들어가려면 파넬과 비슷하게 기어 올라가야 할 것이다. '에우마이우스' 장에서 파넬이 다시 언급될 때, 블룸은 상황도 정확히 모르면서 대충 '익살로 얼버무려 넘겨버리는… 마부들의 떠들썩한 농담…'이 당혹스럽다. 단지 상상에 불과한 성의 세계(마사 클리퍼드와의 편지 교환이나 '나우시카' 장에서처럼 해변에서의 수음)에 살고 있는 블룸에게 파넬은 문자 그대로 사랑을 위해 목숨을 건 남자이자 성적으로 강한 진짜 영웅이다. 따라서 블룸이 자신을 성적으로 무능한 오셰이 대위로 상상하는 것은 자연스런 일이다. 애초에 오셰이는 (블룸이 보일런과의 관계에서 그러하듯) 파넬과 아내의 부정을 눈감아주기로 동의했으나, 많은 정치가들이 계속 파넬의 명예를 실추시켜 당직을 잃게 만들어야 한다고 이해시키자 굴복하고 말았다. 무엇보다도 파넬은 한때 블룸이 그의 모자를 집어주자 고마워할 정도로 예의바른 사람이었다. 이 일은 '하데스' 장에서 블룸이 모자가 찌그러졌다고 공손하게 지적했을 때 멘턴이 보였던 태도와는 사뭇 대조된다.

조이스는 16장 전체에 극도의 피로감, 공허한 느낌, 그리고 별 의미 없는 방랑을 집어넣었는데, 길고 끝나지 않은 문장들로 박력 없는 분위기, 책략, 특히 피곤한 느낌을 만들어냄으로써 그러한 효과를 크게 살린다. 그리고 이러한 분위기 속에서 무일푼의 콜리가 스티븐의 앞날에 대해 경고한다. "친구들도 모두 그를 저버렸다." 한편, 머피가 묘사하는 그 사이먼 데덜러스는 스티븐의 아버지가 아니고, 헹글러의 마술 서커스단과 함께 다녔던 명사수가 확실하다. 소심한 마부는 피닉스 파크 암살사건에 칼이 쓰였다는 사실은 틀림없이 그 살인에 외국인들이 고용되었을 것이란 논리를 펼친다. 관행적으로 칼은 아일랜드인의 무기가 아니기 때문이다. 머피의 가슴을 장식한 문신은 살갗을 잡아당기면 젊은이의 얼굴이 마치 괴물같이 변한다. 그 문신에 이 장의 숫자 16이 새겨져 있다는 것은 의미심장하다. 일부 비평가는 이 숫자가 동성애를 의미한다고 하지만 짐작일 뿐이다. 그러나 '69'가 미국에서 동성애를 암시하듯, '16'이 유럽에서 동성애와 연관된다는 사실은 흥미롭다,

부일푼과 피곤함이라는 개념으로 되돌아가, 피츠해리스 건물의 후원자들은 서로 치고받지 않는 범위에서 진부하고 낡은(그리고 아일랜드의) 전통에 대해 거리낌 없이 논쟁한다. 그들은 싱의 연극 〈서방의 플레이보이 *Playboy of the Western World*〉에 나오는 소작농들을 닮았다. 이 사람들은 크리스티 마혼의 아버지가 직접 등장할 때까지 마혼이 아버지를 죽였다

고 떠드는 소리에 감탄한다. 그런데 전통을 상징하는 아버지가 나타나면 크리스티는 확실하게 그를 죽여야만 한다. 다시 돌아가, 산양껍데기에 관한 사실들은 잘못된 정보다. 그는 살인자들이 사용한 차를 몰지 않고 단지 유인차량을 몰았다. 그리고 디그넘의 장례식에 관한 신문기사에서 망자에 대한 칭찬과 사실처럼 쓰인 정보들은 완전히 엉터리다.

마지막으로, '에우마이우스' 장에서 가엾은 블룸은 받아들일 수밖에 없는 ― 받아들일 뿐만 아니라 ― 절박한 욕구를 매우 분명하게 드러낸다. 이를테면, 그는 위로하고 위로받아야 한다. 대체로 침착한 블룸이지만 아직도 '키클롭스' 장에서 시민에게 당한 모욕을 마음에 품고 있기 때문에 의중을 드러내려고 '실제로 난 그렇지 않지만'이라며 학술적 관점에서 유대인적 특성을 애처롭게 부인한다. 나중에 블룸은 대화의 물꼬를 (알랑대듯) 다시 몰리 주변으로 돌려 무관심한 스티븐에게 몰리의 옛날 사진을 보여준다. '억지로' 스티븐을 가수로 만들려는 계획은 이 장 끝부분에서 상징적으로 말이 떨어뜨리는 세 개의 똥덩어리로 반격 당한다.

'에우마이우스' 장의 더블린은 다른 장들보다 특별히 더 고통받는 곳으로 그려져 콘래드가 〈비밀 첩보원 *The Secret Agent*〉에서 물이 빠져나간 후의 수족관으로 묘사한 런던을 닮아 있다.

Chapter 17

이타카

　　'이타카' 장은 6월 17일 새벽 2시경, 에클레스 가 블룸의 집에서 일어난 일이다. 17장에서 블룸과 스티븐은 광범위한 주제로 토론한다. 이때 블룸은 스티븐에게 코코아를 타준다. (조이스는 이 행위가 '영적 교류'임을 보여준다.) 그리고 스티븐이 떠나자 블룸은 낮의 행동들을 돌이켜보고서 조심스럽게 침대로 기어가 몰리 곁에 거꾸로 누워 그녀의 엉덩이에 입을 맞춘다. 졸린 몰리가 하루 종일(그리고 밤에) 무엇을 했느냐고 묻자, 하루 동안 있었던 일들을 구구절절 늘어놓으면서도 부부싸움의 실마리가 될 만한 언급은 자제한다.

　　17장에서 블룸과 오디세우스의 행동에 대한 대조는 중요하다. 〈오디세이〉의 끝에서 오디세우스와 텔레마코스는, 페넬로페에게 선택하라고 끈질기게 요구하던 구혼자들을 죽이기 위해 힘을 합친다. 그러나 이들과 대비되는 수동적이고 영웅과는 거리가 먼 20세기의 블룸은 아내 몰리와 '애인' 보일런의 부정을 수용하고 관대하게 처리한다. 비록 블룸이 훗날 몰리와 이혼할 권리가 있고, 나중에 그녀를 붙잡을 심산으로 보일런과 아내 사이에 있었던 증거들을 사용하기로 작정한다고 해도, 이러한 생각들은 슬픈 상황으로 다가가는 착잡함의 일면을 보여줄 뿐이다. 이 장에서 블룸은 시기, 질투, 자제, 침착을 경험하지만 조이스는 분명히 블룸의 감정을 주로 '자제가 질투보다 더하고, 시기가 침착보다 덜하게' 설정해 놓았다. 그럼에도 블룸은 근대의 휴머니스트처럼 몰리의 애정행각을 보편적인 자연스러운 경향의 일부로 생각하고 아내의 외도가 여성의 본능과 보일런의 젊음에 충동적으로 끌린 탓이라고 이해한다. 한편, 보일런은 스스로 대단한 사람이라고 생각하지만, 그는 '전기(前期) 계열의 마지막 인간…'에 해당된다. 그러나 이 '계열'을 말 그대로 받아들여서는 안 되며, 조이스는 독자들이 그것을 광대무변한 주제의 한 부분으로 이해하기를 바란다. 이를테면, 블룸이 생각하는 몰리의 애인 목록은 단지 그가 만들어낸 공상의 산물일 뿐이고, 몰리에게서 소외되었다는 현재의 감정에서 치미는 고통을 완화시키려는 시도라는 것이다.

비평가들은 '이타카' 장의 구성이 질의응답식이며 '과학적인' 용어가 많기 때문에 이해가 다소 어렵다고 평한다. 조이스는 그것을 인정하면서도 개인적으로는 17장을 좋아한다고 했다. 그리고 이런 문체는 여러 가지 역할을 한다. 먼저 문답식 특성은 블룸과 스티븐의 토론을 이끌어가는 종교적 토대를 제공한다. 아울러 '이타카' 장에 진정한 화자가 있다고 말한다면, 그는 외견상 중요하지만 덧없이 사라지는 인간들과 그들의 행동을 커다란 우주론적 의식의 관점 속에 배치할 수 있는 장대한 올림포스 신 같은 인물이다. 사실, '이타카' 장은 조이스가 공허하고 꼴사나운 전형적 인물들이 등장하는 〈피네간의 경야〉를 위해 준비한 단계(예비적인 토대)다. 마지막으로 17장이 '객관성'을 중시하는 것은 개인적 사고를 감성이 아니라 논리적으로 접근하려는 시도다. 객관성은 블룸에게 몰리의 밀회약속을 생각할 때 치밀어 오르는 참을 수 없는 고통을 견뎌내게 하는 여과장치 같은 역할을 한다. 블룸은 4장의 시작 부분에서 보일런의 존재를 감지했고 셉터가 경주에서 지자 보일런이 마권을 찢어버린 사건을 이미 알고 있었으나 몰리와 보일런이 실제로 간통을 위장하려는 어떤 시도도 하지 않았다는 점이 야속했다. 그러나 블룸은 그 행위를 상상하고, 어떤 면에서는 간음에 괴로워하는 심정을 위장하려고 공상과 상상을 이용한다. 그런데 지금 그는 간음의 직접적인 증거, 즉 그들이 남긴 물리적인 변화의 흔적들에 직면해 있다. 예를 들어, 두 연인이 나란히 앉아 "사랑의 달콤한 옛 노래"를 부를 수 있게 의자들이 다시 정렬되어 있고, 침대에는 사내 흔적뿐만 아니라 담배꽁초도 있으며, '자두나무표 통조림고기'(은유적으로 보일런은 그의 '고기'를 몰리에게 '넣었다') 흔적들도 있다.

조이스는 아내 노라와의 결혼생활 내내 간통에 대한 생각으로 크게 괴로워했다. 따라서 그의 희곡 〈망명자들〉은 아내 버사가 부정을 저지르고 있다는 리처드 로완의 두려움에 따라 이야기가 전개되고, '스킬라와 카립디스' 장에는 셰익스피어가 사랑했던 여성이 배신했다는 생각 때문에 평생 괴로워하는 이야기가 나온다. 조이스는 '이타카' 장을 쓰는 데 틀림없이 아주 힘들었을 것이기 때문에 블룸-조이스와 타락한 몰리 사이에 미적 거리를 둠으로써 아내를 의심하는 마음의 상처를 추슬렀다는 결론을 내릴 수 있다. 조이스가 '페넬로페' 장에서 몰리가 독백을 끝내는 시점에 블룸을 생각하고 울려 퍼지는 '예스'로 답하게 만든 것은 의미심장하다.

조이스는 문학을 통해 정신적 상처를 화려한 에피소드로 승화시킬 수 있었다. 예를 들면, 그는 인간이 하늘의 별들 사이를 걸어 다니는 등의 묘책들을 확실하게 배치한다. 에클레스 가 7번지로 들어가는 블룸은 2피트 10인치를 점프할 때 '공중에서 자유롭게 움직이는'(나중에 그것이 재주부리기라고 생각하지만) 자신을 본다. 또한 (블룸이 스티븐과 함께 부엌에 있는 동안) 조이스가 물을 주제로 서술한 대목은 대단히 놀라운 솜씨로, 자신의 '목록' 중 하나를 다시 사용해서 압축하려는, 말하자면 세계의 모든 것을 〈율리시스〉에 압축해 넣으려는 시도다. 예를 들어 '공허의 불확실함'에 대한 블룸과 스티븐의 공통적인 인식은 그들이 이곳에서 몇 분 동안 공유하는 직관적인(변할지라도) 일체성에 의해 전달되고, 조이스의 말처럼, 그 일체성은 '언어적으로가 아니라 본질적으로' 이

해된다. 따라서 스티븐이 떠나기 직전에 일어난 하늘로 승천하는 환상은 '별들의 하늘나무'로 나타나고, '키클롭스' 장의 끝에 나타난 블룸 자신의 승천과 상응한다. 스티븐이 떠나고 혼자가 된 블룸이 느끼는 '별들 사이의 공간의 차가움'은 〈더블린 사람들〉의 "죽은 사람들"의 이야기에서 가브리엘 콘로이가 아내 그레타가 젊은 시절에 그녀를 위해 죽은 젊은이와 사랑에 빠진 적이 있었다는 사실을 알았을 때의 인식과 같다. 이 소설에서 눈이 아일랜드 전역을 덮는데, 그것은 보편성의 또 다른 상징이다. 결과적으로 블룸이 느끼는 끔찍한 차가움, 즉 죽음에 대한 통찰력이 그를 아내의 침상으로, 위대한 대지의 어머니 가이아-텔루스의 자궁으로, 그리고 반쯤은 우스꽝스럽고 반쯤은 측은하지만 어떤 면에서는 영웅적이고 거꾸로 향한 부처의 위치를 되돌리도록 이끈 것일지도 모른다.

조이스는 엄격한 양식을 형성하지는 않지만 엄청난 양의 종교적 비유표현을 통해 '이타카' 장의 문답식 구조에 또 다른 중요성을 부여한다. 종교적 상징주의는 한 가지 차원에서 숫자의 형태를 취하고, 특히 17장에서 발견되는 3과 9라는 숫자는 궁극적으로 삼위일체를 암시한다. 예컨대, 블룸은 열한 살(만약 루디가 살아 있다면 12월 29일에 되었을 나이) 때 '세 가지 상'을 내건 토끼풀 지에 응모하려고 첫 번째 시를 썼고, 여기서, 독자는 토끼풀로 하나-안에-세 개의 잎이 있는 자연법칙을 예증하여, 삼위일체의 가능성을 제시한 성 패트릭의 외경을 회상한다. 또한 블룸과 스티븐은 살아가면서 세 번 느슨하게 제휴하고, 블룸이 받은 세 번의 세례 가운데 세 번째는 스티븐과 같은 교회에서 같은 신부에게 받았다. 이 같은 산수적인 장에서 3이란 숫자는 (주해되었듯) 종종 9로 변형된다. 조이스는 이렇게 종교적 숫자의 상징을 강화해 신학뿐 아니라 문학적인 면에서 읽힐 수 있는 많은 용어를 사용한다. 십자로 포개놓은 장작들, 루시퍼 매치들, 호스트, 미사 등등.

그러나 때로는 이런 종교적 비유표현이 지면에 점점이 놓이지 않고 〈율리시스〉의 더 광범위한 논쟁들을 상술하는 데 사용된다. 예를 들면, 블룸이 모자를 벗고 양초를 들고 스티븐을 집 안으로 안내하는 의식은 두 가지 의미, 즉 사제가 모관(毛冠)을 벗고 미사를 시작하는 것과 예비신자(스티븐)가 지하성전으로 들어가는 것을 뜻한다. 그곳에서 새롭게 개종한 자는 신앙심의 깊이를 알아보기 위한 여러 질문을 받게 된다. 이런 관점에서, 스티븐이 블룸의 집을 떠나는 행위는 〈율리시스〉의 한 미사를 끝내는 것이며, 물푸레나무 지팡이는 종교적 의식이 끝날 때 교회에서 가져온 십자가가 되고, 이때 울리는 성 조지 교회의 종소리는 미사가 끝났음을 알린다. 신학적 맥락에서 17장을 보면, 블룸이 고통받는 벌의 독침은 그리스도의 옆구리를 찌른 창이 되고 쓰라린 '발바닥(footsoles)'('영혼 soul'에 대한 말장난)은 못에 찔린 그리스도의 발을 암시한다.

오늘날, 이런 종교적 상징주의가 블룸, 스티븐, 몰리의

'3인-연대'를 암시한다고 평가하는 것이 유행이다. 이 연대에서 블룸과 스티븐은 하느님 아버지와 하느님의 아들이 지닌 요소들을 공유하고, 몰리는 영적 상징인 신부, 즉 가톨릭교회의 신부가 된다. 그러나 조이스가 인간 본성이 어떤 순간에 도달할 수 있는 고양된 가능성을 암시하려고 종교를 은유로 사용하고 있다는 판단이 더 그럴 듯하다. 이와는 대조적으로 스티븐의 지성과 블룸의 우둔한 물질주의가 때때로 신비스럽게 이심전심으로 융합하지만 독자는 〈율리시스〉가 근본적으로 신학적인 논문이 아니라 해학 소설임을 항상 명심해야 한다. 블룸과 스티븐이 열망의 정점에서 나란히 소변을 볼 때, 그 소변은 현대적이고 상징적인 성찬식 포도주와 동등해진다. 그리고 물론, 보행자 블룸은 항상 자본주의 국가에서 부를 꿈꾸며 인간의 배설물을 어떻게 산업적으로 이용할 수 있을까, 하고 궁금해 할 것이다.

Chapter 18

페넬로페

호머의 서사시에서 오디세우스는 많은 구혼자를 살육한 후 페넬로페와 재결합한다. 그러나 페넬로페가 처음부터 남편을 알아본 것은 아니며, 오디세우스가 부부만 알고 있던 침상의 구조를 설명하자 비로소 남편이라고 확신하게 된다. '페넬로페'에 대응해 조이스의 작품에서는 블룸의 침대를 무대로 삼았다. 1904년 6월 16일 하루 온종일 침대의 삐걱거리는 소리가 들렸고, 청각적으로 예시되며, 다른 몇 개의 모티프를 통해 계속 발전되었다.

'페넬로페' 장에서 조이스가 사용한 기법은 의식의 흐름에 따른 서술이라기보다는 단어의 연합에 의해 전개된다. 즉 몰리의 사고가 연속적인 이야기식으로 '흐르지' 않고, 매우 이른 아침시간에 졸린 여성이 회상하는 무작위적인 생각들의 재생산으로 나타난다. 이런 기법은 몰리의 무한함을 암시하며, 그 상징은 지평선을 나타내는 숫자 8이다. 몰리(마리언 트위디)는 1870년 9월 8일에 태어났고, 한 번은 생일에 블룸이 양귀비꽃 여덟 송이를 사왔다고 회상한다. 비록 몰리가 18

장에서 가로누워 있지만, 그 육체적 상태는 수학의 무한대다. 이것은 여자다움의 '무한한 다양성'을 암시한다. 조이스는 이 무정형의 비구조를 계산해서, 이야기에 일정한 순서의 흐름을 부여하고자 8개의 문장만을 사용한다. '페넬로페' 장은 몰리가 블룸을 생각하는 것으로 시작하고 마지막 부분도 그렇게 끝난다는 것 이상으로 문체의 양식에 대해 말할 수 있는 특성이 거의 없다. 조이스는 '페넬로페' 장이 '4개의 중요한 부분… 여자의 가슴, 엉덩이, 자궁 그리고…' 주변을 선회한다고 말해왔지만 나중에는 어쩔 수 없는 자기모순에 빠졌다. 이것은 그가 '페넬로페' 장에서 억제되지 않은 여성성을 많이 그려내려고 했다는 것을 암시한다.

따라서 몰리가 이 작품에서 가장 흥미로운 인물 가운데 한 사람이기 때문에 궁극적으로는 그녀 개인에 대한 인물연구가 더 중요할 것 같다. 그녀는 무엇보다 초서의 '바스의 여장부'와 공통점이 있다. 몰리의 성격에 대한 열쇠는 그녀의 혼잣말에 가장 잘 나타나 있다고 하겠다. "조금이라도 재미있게 이야기해 보자…" 아울러 '바스의 여장부'처럼 몰리의 성격 속에는 우울한 기류가 흐르고 있다. 그녀는 보일런에게 이용당하기를 원치 않고, 부드럽게 사랑받고 싶어한다. 어떤 남자, 누구라도 그녀를 사랑스럽게 감싸 안고 긴 키스를 해주기 바라고, 변덕스럽고 종종 차가운 남편에게 거절당했던 몰리 블룸은 외로운 나머지 자신에게 편지를 쓴다. 한편, 블룸 역시 키메라 같은 인물(마사 클리퍼드)에게 편지를 쓴다. 그러나 근본적으로 몰리는 그녀를 사랑해 줄 남자를 찾는 일에서는 실망감을 맛보았지만 패배당한 여성이 아니란 점에서 초서의 여주인공처럼 살아남은 사람이다. 아울러 몰리는 여성의 계책을 모두 알고 있다. 예를 들면, 오늘 몰리가 보일런에게 사랑을 구하는 기교는 '오르가즘을 가장하는' 방식과 비슷할지 모른다. "나는 시선을 저쪽으로 돌렸지. 뒹굴었기 때문에 내 머리카락이 약간 흩어져 있었고…" 그리고 그녀가 사랑하는 기법은 항상 애태우는 촉감의 환상과 어우러졌다. 몰리가 아주 젊었을 때는 멀비 중위를 애태우려고 스페인 귀족 돈 미구엘 데 라 플로라와 약혼했다는 거짓말을 꾸며댔고, 어쨌거나 결국은 정말로 블룸이라는 '플라워'(블룸의 가명)와 결혼했다. 그런데 블룸은 한눈을 팔려고 한다. 몰리는 남편이 펜팔인 마사에게 애정을 쏟으며 환상을 품는 것 같아 속상하다.

흥미롭고 중요한 몰리의 또 한 가지 특성은 다른 여성들에 대한 질투와 경멸이다. 그녀는 리오던 부인(〈초상〉에서 스티븐의 가정교사)이 모아놓은 돈을 자기에게 친절했던 블룸에게 조금 물려주지 않고, 영혼의 평안을 빌어달라며 기도하는 사람들에게 기부했다고 비난한다. 게다가 몰리는 굴을 훔쳤다는 거짓 죄목으로 블룸의 하녀 매리 드리스콜을 해고했지만, 사실은 블룸이 그 소녀에게 공상을 품고 있었기 때문이고, 아직도 블룸의 옛 애인 조시 포웰을 질투해서 디그넘의 장례식에서 두 사람이 만났을지도 모른다고 생각한다. 그 후, 그녀는 조시가 결혼한 미친 데니스 브린이 아니라 블룸을 남편으로 두게 되어 행운이라고 느끼는 이유를 늘어놓는다. 그녀는 브린이 흙 묻은 부츠를 신고 잠자리에 든다는 이야기도 들었고, 그가 지금 더블린 사람들의 웃음거리라는 것도 알고 있다. 몰리는 경쟁자인 가수 캐슬린 키어니(〈더블린 사람들〉의 단편 소설 "어머니"에 등장)를 아주 못마땅해 하고, 소녀 시절의 친구 해스터보다 머리카락 숱이 많았다는 사실을 자랑스러워한다.(따라서 그녀는 독자에게 입센의 희곡에서 라이벌의 머리카락을 불태워버리고 싶어했던 헤다 가블러 같은 인물을 떠올리게 한다.) 이어 젊었을 때의 애인 멀비에 대해 안개에 싸인 세월을 거슬러 추억에 잠긴 그녀는 지금쯤(1904년) 마흔 살이 된 그가 결혼했을 것이란 생각을 하고, 그에게 처음으로 (손수건에다 수음을 하게) 해줬다는 사실에 자부심을 느낀다.

독자들은 몰리가 조이스의 소설에 등장한 다른 인물들에게 경멸적인 비판을 할 때조차 속이 후련하다. 왜냐하면 그녀의 관찰이 그들의 행동과 동기들에 관해 새로운 통찰을 주기 때문이다. 예를 들어, 몰리는 오만한 변호사 멘턴의 '통통 부은 눈'을 공격하고, 외설 소설의 저자 폴 드 코크는 '자신의 튜브를 가지고 이 여자에게서 저 여자에게로 돌아다녔기 때문에' 그런 별명이 지어졌다고 생각하고, 사이먼 데덜러스는 희롱하기 좋아하고 지나치게 비판적이라고 여긴다.

몰리의 회의주의적 관점은 특히 보일런과 블룸을 향한다. 보일런은 떠나면서 꽤 친근하게 몰리의 엉덩이를 찰싹 때리는데, 나중에 그녀는 자신이 말이나 당나귀가 아니라는 것을, 그것도 매우 정확하게 느낀다. 보일런은 몰리가 임신을 막으려고 그녀로부터 급히 떨어져 나가 종종 남성다움을 보여주지 못했다.(그러나 그는 마지막 때 그 행위를 완성했다.) 또한 그는 몰리 앞에서 거리낌 없이 옷을 벗어 짜증이 날 정도로 교양도 없다. 그녀는 어쩌면 그가 그녀를 취하는 것을 당연시하는 것 같은 생각이 들기도 한다. 그리고 심지어는 보일런의 아내가 되는 상상을 하다가도 그런 결합은 결코 발생하지 않으리란 것을 알고, 어떻게 애인으로부터 선물을 우려낼 수 있을까 골몰한다.

그러나 〈율리시스〉를 이해하는 데 가장 중요한 것은 바로 블룸에 관한 몰리의 상세한 묘사다. 왜냐하면 독자들은 몰리의 간음이 기본적으로 두 사람의 애정전선에 이상이 생기면서 촉발되었다는 것을 알 수 있기 때문이다. 소설 전체에서 블룸에게 동정심을 느껴왔던 독자는 '페넬로페' 장에서 이제 몰리 쪽의 이야기를 듣게 된다.

블룸은 성적으로 비정상인 것은 차치하고도 여러 면에서 변덕스럽다. 그는 거지와 웨이터들에게는 상냥할 수 있지만 종종 다른 사람들, 특히 자신의 고용주들에게는 화를 잘 낸다. 그래서 몰리는 그가 똑똑한 체하는 태도 때문에 조만간 다시 직장을 잃게 될까봐 노심초사한다. 그리스도가 최초의 사회주의자였다는 블룸의 그럴싸한 케케묵은 이야기는 예민한 몰리를 울렸다. 몰리는 블룸이 예쁜 소녀들에게 무관심한 척하지만, 종종 교활한 눈으로 추파를 던진다는 것을 알고 있다. 블룸은(그가 '에우마이우스' 장에서 스티븐에게 한 모든 도덕적인 설명에도 불구하고) 일하는 것을 정말로 좋아하지 않는다. 대신 그는 온종일 집 주변을 배회한다. 그는 또 약간 사기꾼 기질이 있다. 한 번은 노 젓는 방법을 아는 체했다가 몰리와 함께 물에 빠져 거의 죽을 뻔했고, 또 한 번은 강도 소리를 들었다고 생각해 계단을 내려가면서 어찌나 큰 소음을 냈던지 강도가 들어왔더라면 겁을 먹고 달아날 정도였다. 몰리는 블룸의 잠버릇도 참을 수 없다. 만약 그가 발을 홱 움직이면 그녀는 치아를 잃을지도 모르고, 그가 침대 발치에 있으니 마음 놓고 방귀조차 뀔 수 있겠는가? 게다가 그는 아주 인색하고 의심이 많아 수표장을 서랍에 넣고 잠그기 때문에 어쩌다가 서랍을 열어놓기라도 하면 몰리는 많은 수표에 그의 이름을 위조해서 현금으로 바꾸고 싶은 유혹을 받기도 했다.

그러나 대부분의 사람들이 그렇듯, 무엇보다도 몰리를 멀어지게 만든 것은 바로 블룸의 성적 습관이다. 한 번은 블룸이 호분증에 대한 구역질나는 도착(倒錯)을 드러내 몰리에게 말 똥 속을 걸어가라고 요구한 적이 있고, 한때는 속옷 조각을 달라고 간청한 적도 있다. 게다가 그녀에게 외설적인 편지들을 써왔으며, 그녀의 나체사진을 찍어 팔면 어떻겠느냐는 제안까지 했다. 블룸의 이런 작태는 계속 이어졌다. 밀리가 태어났을 때는 몰리의 가슴이 탱탱해지자 젖을 짜서 차에 넣게 해달라는 말도 했다. 이런 연유들로 인해 몰리는 침대에서 그녀에게 엎어놓은 블룸의 차가운 두 발이 그의 차가운 가슴을 비추는 것이라고 느낀다. 몰리는 정말로 오랜 기간 동안, 싱이 〈골짜기의 그림자〉에서 지적한 '사랑 없는 아일랜드인의 결혼생활'의 희생자가 되어왔다. 몰리는 블룸이 스티븐을 집으로 데려오자(비록 그녀가 앞으로 집에 오게 될 스티븐의 존재에 대해 환상을 품기는 하지만) 약간 화가 난다. 어쩌면 블룸은 스티븐이 그녀에게 구애하기를 원할지도 모른다. 이 점은 블룸이 때때로 스티븐과의 관계에 집착하는 모습에서 동성애의 낌새를 감지한 몇몇 비평가들이 지적하는 부분이다.

그러나 매우 많은 비평적 갈채와 상당한 비난에 영향을 끼친 것은 바로 몰리의 성욕이다. 몰리를 '돼지'로 생각하는 비평가들이 있는가 하면, 조이스의 성모 마리아에 대한 상징으로 간주하는 비평가들은 그녀가 금이 간 요강에 월경의 피와 물(오줌)을 섞을 때 성찬식의 고고한 분위기를 발견한다. 몰리에 대한 진실은 아마도 이런 양극단 사이의 어떤 곳일 것이다. 몰리는 육체의 자연현상에서 하느님과 하느님의 현시(顯示)를 받아들이는 점에서 종교적이다. 그리고 모든 기쁨과 고통을 지닌 몸을 전적으로 받아들일 때는 완전히 인간이 된다.

조이스는 몰리를 통해 아일랜드 여성들이 1904년 6월의 따뜻한 여름밤에 잠재의식의 문이 활짝 열릴 때 진정으로 생각하는 것이 무엇인지를 드러냈다.

몰리의 많은 생각은 1922년의 문학에서 순수하게 논의되지 않았던 주제들—적어도 정신분석가들의 사무실 밖에서는 다루어지지 않았던—을 다루고, 조이스는 여성의 인격에 내재된 육체적인 측면들에 대해 대단한 통찰력을 보여준다. 몰리가 가볍게 언급하는 다양한 성적 경험들은 매우 놀랍다. 예를 들면, 아내에게 '가능한 한 혀를 길게 내밀게' 시키는 등의 이상한 짓을 요구하는 마스티안스키 부인 남편의 변태적 습관들과 자신의 물건을 노출하려고 소변을 보는 체하는 노출증환자들, 성적 쾌감을 높이려는 채찍질, 게다가 (바나나로 끝내는) 여성의 자위, 위치를 바꿔 성교하면서 남성의 시각에서 그 느낌을 알고 싶어하는 소망, 소년이나 선원들과 성교하고 싶은 욕망, 그리고 블룸에게 고통을 주기 위해 그의 앞에서 보일런과 성교하는 탈선적 생각 외에도 이런저런 상념이 몰리의 마음을 채웠다가 흘러나온다.

그러나 '페넬로페' 장에서 가장 관심을 끄는 것은 몰리의 솔직한 자기수용이고, 몰리가 생각하는 대부분의 성적인 내용이 20세기 후반의 기준에 의하면 거의 '비정상적'인 것에 속하지 않는다. 상세하게 예를 들면, 남자의 성기 형태, (적어도 4번의 성적 절정에 도달한 듯한) 보일런의 종마(種馬) 같은 훌륭한 솜씨, 월경 전 질(膣)의 흥분상태, 월경을 촉진하는 과도한 성교, 요강을 사용하며 느끼는 육체적 즐거움(배변에 대한 블룸의 환희에 주목) 등이 있다.

몰리는 훈련 받지 않았으나 통찰력으로 인간의 다양한 상황을 판단하고 인생의 즐거움을 전적으로 수용하지만, 앞으로 몰리와 블룸의 관계는 어떻게 될까, 라는 의문이 남는다. 이 질문에는 궁극적으로 (누구도) 답할 수 없으나 조이스는 그들의 화해 가능성을 보여주는 몇 가지 단서나 쟁점을 제시한다. 몰리가 6월 17일 늦은 아침에 손수 요리를 해서 침상에 있는 블룸에게 가져다주는 아침식사, 그리고 호우드 언덕에서 있었던 애정표현에 대한 그녀의 기억—그때 그녀는 블룸에게 청혼을 유도했다—등이 18장의 버팀목들이다. 이 두 사건은 상징적으로 블룸 부부의 재탄생을 상징한다. 만약 아침식사가 만들어진다면, 이 작품에서 통상 재탄생의 상징으로 사용되는 계란이 들어갈 것이다. 게다가 몰리는 스티븐이 젊기는 해도 블룸이 더 잘생겼다고 생각한다. 이 같은 평가는 그녀가 블룸의 입에 '씨앗이 든 과자의 나머지를' 넣어주었던 순간을 기억하고 있다는 말이 되면서, 블룸 부부의 재탄생을 암시하는 또 하나의 단서가 된다.

그러나 블룸의 미래에 대한 진짜 '증거'는 몰리가 그를 얼마나 잘 알고 있느냐, 하는 사실에서 발견될 것이다. 앞에서 언급되었듯, 몰리는 블룸의 버릇을 모두 알고 있다. 포르노 사진 수집, 새로운 여성에게 홀딱 반했을 때 먹는 습관, (마사에게 보내는) 편지를 덮어 감춘 것, (40세가 가까운데) 술수를 쓰는 여성들에게 특별히 잘 넘어가는 것, 죄의식을 갖고 사랑을 할 때는 집을 회피하는 것, 다른 사람들이 등 뒤에서 그를 놀린다는 것 등등. 여전히 그녀는 그가 어떤 사람이었는지를 기억할 수 있고, 그 기억 속에는 독자들이 〈율리시스〉의 다른 부분에서 내내 보았던 블룸보다 훨씬 낫고 덜 우스꽝스러운 모습이 담겨 있다.

또한 소심한 광고외판원이 그의 결점들을 매우 잘 알고 자기만의 특이한 방식으로 그것들을 받아들이는 누군가와 과연 헤어질 수 있을까?

인물분석 노트

○ 레오폴드 블룸

독자가 현대판 율리시스이자 '방랑하는 유대인' 레오폴드 블룸에게서 느끼는 첫인상은 여러 나라를 돌아다녔던 블룸의 원형들이 경험했던 것처럼 그 역시 더블린에서 국외자란 사실이다. 그는 무엇보다도 종교적인 차이 때문에 종종 로마 가톨릭 교도와 반유대주의 동료들로부터 따돌림을 받는다. 스티븐이 '네스토르' 장에서 반유대주의자 디지 교장과 벌이는 토론은 유대인 블룸이 그날 종일 받게 될 대우의 전조다. 그나마 '하데스' 장에서 글래스네빈 공동묘지를 향해 가는 마차에 동승했던 세 사람은 호의적이었지만 그는 자살을 인정하는 말로 보수적 가톨릭 교도인 그들을 어리벙벙하게 한다. '스킬라와 카립디스' 장에서 멀리건은 블룸의 생김새에서 (억제된 동성애 이외에) 유대인들의 특성을 탐색하고, 스티븐에게는 블룸을 멀리하라고 경고한다. 블룸은 변변히 반격도 못하고 광신적인 반유대주의자 시민에게 품위를 손상당한다.

이 작품에는 블룸의 소외감—가정과 공동체로부터—에 대한 징후들이 많이 나타나 있다. 그는 (스티븐처럼) '열쇠가 없는' 영웅이다. 에클레스 가 7번지의 집에 있는 다른 바지에다 열쇠를 두고 나왔는데, 아내를 귀찮게 하고 싶지 않아 열쇠를 찾아 나오기가 꺼림칙하다. 디그넘의 장례식 기사에는 이름마저 'L. Boom'이라는 전혀 딴 사람으로 실려 있다.

프리먼스 저널 사무실에는 그가 일할 방이 없다. 또한 오먼드 호텔의 여종업원 리디아 도우스가 블룸이 〈죄의 쾌락〉을 겨드랑이에 끼고 지나갈 때 '징글맞은 눈'을 알아차리는 장면도 그가 비웃음의 대상이란 설정을 충분히 보여준다.

따라서 블룸에 관한 상세 묘사에는 많은 비애감이 서려 있다. 글래스네빈 공동묘지로 가는 도중에 다른 사람들이 자살을 비난하는 동안, 아버지의 자살을 생각하던 블룸은 "아일랜드 사람들은 옛날엔 무덤 안에 있는 자살자의 심장에다 나무막대기를 꽂는 관습이 있었다. 아직 심장이 찢어지지 않은 것처럼"이라고 맞받는다. 그리고 6월 16일에는 온종일 보일런과 몰리의 간음이 머릿속을 떠나지 않지만 "오늘. 오늘. 생각하지 말자"고 되뇌면서 겨우 버텨내고, 몇 가지 좋은 일도 한다. 오먼드 호텔에서 벤 돌라드가 "까까머리 소년"을 부를 때도 많은 사람은 즐거워하고 유쾌하게 떠들지만, 외따로 노래 가사를 들으면서 "나는 나의 가문과 종족에서 혼자 남겨졌다"며 죽은 아들 루디 생각에 깊이 잠긴 블룸의 모습은 애처롭다.

블룸에게 닥친 고통 중 일부는 자초한 것이지만 조이스는 이 주인공처럼 훌륭한 사람을 명확하게 제시하지 않는다. 그는 아내와 대화할 때조차 평범한 언어로 말할 수 없는 것처럼 보인다. 몰리는 블룸이 '윤회'를 '영혼의 환생'으로 정의하자 그 뜻을 이해하지 못해 속상해 할 정도다. 게다가 그는 인정하지 말아야 할 것들을 숙명으로 받아들이는 버릇이 있다.

예를 들면, 몰리의 베개 밑으로 삐져나온 보일런의 편지와 가까운 장래에 딸이 처녀성을 잃을지도 모른다는 사실 등에 대해서도 눈을 감아버린다. 마사 클리퍼드와 편지를 주고받는 일에서 야기되는 결과도 원치 않는 것 같다. 문제를 일으키기보다는 '나우시카' 장에서처럼 해변에 서서 아무런 책임도 질 필요가 없는 수음을 했을 것이다. 그는 자신을 비난할 준비가 충분히 되어 있는 주변 사람들에게 반감을 살 만한 짓을 많이 한다. 이를테면, 확실하게 어느 쪽도 편들지 않고, 술을 사는 일도 없다. 그리고 '만물박사인 체하는 녀석'처럼 교수형에 처한 남자가 죽음의 순간에 경험하는 발기 이유에 대한 장광설은 '키클롭스' 장에서 이미 딱딱해진 바니 키어넌 주점의 분위기를 더욱 무겁게 할 뿐이다. 〈율리시스〉의 후반부에서는 스티븐을 돕기는 하지만, 그는 순회 음악단에 대한 계획을 발전시키는 데 스티븐이 어떤 도움을 줄 수 있을까, 하며 이용해 먹으려고 한다.

이런 결점들에도 불구하고, 블룸은 자선을 많이 베풀어 여러 면에서 현대적인 그리스도가 된다. 예를 들면, 다른 문상객들이 그를 환영하지 않는다는 사실을 알면서도 디그넘의 장례식에 참석하고, 나중에 패디 디그넘의 미망인을 찾아가 생명보험의 규정을 이해하도록 도와준다.(이 문제를 상의하기 위해 키어넌 주점에서 커닝엄을 만났으나 얄궂게도 나중에 미망인과 자녀들을 등치는 사기꾼이라고 비난을 받는다.) 그는

배고픈 바다갈매기들에게 밴버리 케이크를 던져주고, 굶는 데
덜러스의 아이들을 측은히 여기고, 어린 소경이 거리를 잘 건
너도록 도와주고, 혼 박사의 병원으로 가서 사흘 동안 산고를
겪고 있는 마이너 퓨어포이를 위문하고, 아이가 태어난 후에
도 그 병원에 머물면서 멀리건 때문에 자신도 모르게 취해가
는 스티븐을 지켜준다. 밤의 도시에서도 스티븐에게 바가지를
씌우려는 벨라 코헨을 제지하고, 스티븐을 때리려고 하는 병
사 카아를 설득한다. 스티븐이 맞아 쓰러지자 자기 집으로 데
려가기로 하고, 우선 음식을 좀 먹이기 위해 마부의 오두막에
도 잠시 들른다.

　　마지막으로 블룸이 '성인'인지 '죄인'인지를 결정하려
면 독자는 먼저 〈율리시스〉가 근본적으로 희극 소설이며 블룸
이 매우 익살맞은 인물이란 사실을 깨달아야 한다. 그는 들루
가쯔 정육점의 콩팥을 슬쩍해서 주머니에 넣는 것을 대수롭지
않게 생각하고, 은밀하게 마사의 편지를 찾으려고 빙 둘러서
걷는다.(그런데 매코이가 나불거려 편지를 읽지 못하게 되자
마음이 언짢아진다.) 그는 들루가쯔를 나가는 우즈 가의 처녀
를 쫓아가려다가 마음을 접는다. 글레스네빈 공동묘지에서 가
톨릭 의식을 잘못 이해한 블룸의 언행은 자살에 대한 토론이
고통스러웠던 것과 비교하면 매우 익살스럽다. 그리고 박물관
에서는 숨기느라고 많이 노력했는데도 누드 여신상들의 엉덩
이 사이 주름진 부분을 응시하는 모습을 들키고 만다.

이처럼 블룸에 관한 묘사는 철저하게 가공되지 않은 한 남자의 삶, 즉 배변, 소변, 튀긴 콩팥 먹기, 그리고 물가에서 사색에 잠기는 습관 등을 즐기는 모습을 보여준다. '키르케' 장과 '페넬로페' 장에서 충분히 탐험된 블룸의 성적 기벽들은 아량을 베푸는 인격과 비교되어 균형을 이룬다. 조이스는 정말로 블룸 안에 신의 다양성, 때로는 한 명의 보행자, 그러나 단연코 물리적 세계가 그를 위해 존재하는 한 사람을 그려냈다.

○ 스티븐 데덜러스

〈젊은 예술가의 초상〉에서 조이스는 스티븐을 삐딱하고 동정적으로 묘사한다. 정통 가톨릭 교리에 맞서는 주인공의 싸움을 극구 칭찬하면서도 냉소적인 태도에는 거만함이 묻어 있다고 보는 것. 이런 스티븐이 〈초상〉 5장에서 그리스도와 비슷한 인물이 되어 지루해 하고 때로는 비웃는 사도들에게 미학에 대한 자신의 복음을 전파한다. 그러나 〈율리시스〉에서는 〈초상〉의 끝부분보다 좀더 겸손한 모습을 하고 있다. 그는 어머니가 암으로 죽음이 임박했다는 아버지의 전보를 받고 그가 지향했던 목적지 파리에서 돌아왔고, 어머니가 녹색 담즙에 허우적거리며 육체적으로 익사한 것처럼 자신이 감정의 늪에 빠져 익사하고 있음을 발견한다. 〈율리시스〉에서는 태양을 향해 너무 높이 날아오르다가 날개가 타버린 이카루스와 자신을 비슷한 인물로 간주하고, '다이달루스'처럼 자신을 그 전형적인 특급조종사와 병치시킨다.

〈율리시스〉에서 스티븐이 시달리는 많은 문제들 중 일부는 그가 수용할 수 없는 주변 사람들과의 감정적 거리감에서 유래한다. 비록 그가 마텔로 탑에서 옥스퍼드 출신의 헤인즈와 더블린 의대생 벅 멀리건과 함께 살지만, 이 탑에 더는 머무를 수 없다는 것을 알고 있다. 헤인즈가 꾸는 괴상한 악몽으로 잠을 잘 수가 없고, 스티븐을 거칠고 모질게 다루는 멀리건이 이 탑에서 그의 위치를 '찬탈'했기 때문이다. '텔레마코스' 장에서 그는 탑의 열쇠를 순순히 멀리건에게 내어주고 자기 길을 가기 시작한다. 스티븐은 육체적으로 멀리건과 비교해서 무능하고 약하다고 느낀다. 스티븐은 물(영세를 상징)을 두려워하는 반면, 멀리건은 목숨을 걸고 뛰어든다. 여러 면에서 스티븐은 개와 천둥을 두려워해서 몸을 움츠리지만, 멀리건은 물에 빠져 죽어가는 사람을 구해낸 적도 있다. 상냥한 멀리건은 '텔레마코스' 장에서 우유를 배달하러 방문한 노파를 경멸하면서도 잘 다루지만, 스티븐은 잃어버린 아일랜드의 과거를 곰곰이 생각하며 잠자코 앉아 있다. 스티븐의 이질감은 디지 교장의 학교에서 학생들을 가르칠 때도 나타난다. 그는 학생들이 게으르고 시끄럽게 떠들어도 진정으로 걱정하는 것 같지 않다.

스티븐은 이제 타인과의 거리감, 소외감 때문에 해답을 자신의 내부에서 찾으려고 하고, 독자들은 조이스가 '프로테우스’ 장에서 특별히 제시하는 그의 산란한 정신과 영혼을 통해 현실의 본질인 ‘변화무쌍한’ 모습에 당혹해 하는 젊은이를 보게 된다. 유명한 작가가 되고 싶은 그는 때때로 자신의 능력을 의심하지만, 이전의 엄격한 종교적 신념에서 벗어나 ‘프로테우스’ 장에서 자신의 태생(胎生)을 찾고 있다. 그는 해변에서 만난 두 노파가 산파라고 상상하고, 모든 인류를 연결하고 ‘흠 없는 배’를 지닌 이브에서 끝나는 탯줄들의 형상을 투사한다. 그는 자신의 진짜 아버지가 누구인지 궁금해 한다. 사이먼은 스티븐의 잉태에 생물학적인 몫을 담당했을 뿐이다. 달리 말해, 하느님 자신이 영원의 세계로부터 그 사건을 계획했을 수도 있는 것이다.

이러한 상념의 결과, 스티븐은 결점들에 초점을 맞추고 덕을 무시하는 예민한 양심으로 증대된 커다란 죄의식을 느낀다. 임종하는 어머니의 머리맡에서 기도를 거부했던 행동, 헤인즈에게 담배를 얻어 피우면서도 여전히 그를 경멸하는 태도로 대하는 것, 접신론자 조지 러셀(A. E.)에게 1파운드를 빌려 창녀에게 써버린 일, 데덜러스 가문의 장남이면서도 술집을 떠나지 못하는 알코올중독자인 아버지 때문에 더욱 가난해져 굶을 수밖에 없는 여동생들을 방치한 것, 어렸을 때 사제가 되는 영성훈련에 선발될 정도로 경건한 척했지만 항상 벌거벗은 여성들을 생각할 정도로 잘못된 생활방식 등, 죄스러운 일이 많다.

따라서 스티븐에 대한 묘사는 독자들의 동정심을 불러일으킨다. 우선, 그는 시력이 좋지 않다. 6월 15일에 깨진 안경을 끼고, 근시안으로 불투명체를 통해 육체적 본질과 삶에 대한 객관적 태도를 관찰한다. 그는 경제적으로도 몹시 힘들다. 디지 씨는 빈약한 봉급을 주면서도 자신의 낡은 사상을 펼치는 데 이 젊은 강사를 교묘하게 이용한다. 이러한 상황에서도 스티븐은 자신의 문학적 수준에 자긍심을 갖고 있다. '스킬라와 카립디스' 장에서처럼 문호 셰익스피어를 경멸적 어조로 다룰 정도다. 그러나 그는 블룸스데이의 저녁에 작가 조지 무어의 집에서 개최되는 문학적 회합에 초대받지 못하고, (디지가 스티븐에게 건넨) 구제역에 대한 디지 씨의 편지를 농민잡지에 마지못해 싣기로 응하는 조지 러셀의 선심이나 받는 처지다. 그는 밤의 도시를 지나면서 술에 취한 듯 비틀거린다. 어느 정도는 친구들이 음료수라고 속여 먹인 술 때문이기도 하다. 그는 끔찍한 환각 속에서 어머니를 만나고, 친구 린치가 내버려두어 의지할 데 없는 사이에 영국 병사 카아에게 맞고 쓰러진다. 블룸은 스티븐이 떠돌이와 창녀들 사이에서 재능을 낭비하고 있다고 느끼며 깊은 연민을 보이면서도 그를 '이용해서' 실속을 차리려고 한다. 스티븐이면 자신이 구상하는 순회공연에 도움을 줄 수 있거나 몰리에게 이탈리아어를 가르칠 수 있다고 생각하는 것.

그렇지만 스티븐의 상태에 대해 생기는 연민—조이스

는 스티븐에게 신랄한 비평을 많이 하도록 만들어 연민이 약화되도록 통제했다─에도 불구하고, 그의 궁극적인 모습은 영웅적이다. 이런 평가는 벅 멀리건과의 비교에서도 알 수 있다. 멀리건은 확실한 행위자일지 모르지만, 스티븐은 예민한 사색가다. 스티븐은 죄의 의미를 곰곰이 되새기지만 벅은 신성을 모독하며 있음직한 죄를 숨긴다. 스티븐은 어머니의 죽음 때문에 진정으로 고통받고, "홀로 울었다." 스티븐은 복잡한 왕자 햄릿이고, 멀리건은 호레이쇼*보다는 로즌크랜츠**에 가깝다. 〈율리시스〉에서 스티븐은 〈초상〉에서 스스로 세운 목표를 용기 있게 추구하고 있다. 달리 말하면, 영혼의 성장을 방해하는 모든 사회적 그물의 속박에서 벗어나 진정한 예술가로 성장하고 있는 것이다. 예컨대, 그는 1904년 아일랜드 정치지도자들이 주축이 된 민족 운동에 참여하지 않는다. 찰스 스튜어트 파넬의 몰락에서 보듯, 정치적 열망의 비참한 결말을 알고 있는 것이다. 스티븐은 아일랜드 문예부흥을 단지 섬나라 근성, 즉 유럽적 사고의 원천에서 스스로를 고립시킬 문화적 자살이라고 여긴다. 문예부흥 운동가들이 잘난 체하지만, 스티븐이 보기에는 아일랜드 사람들은 여전히 영국과 로마의 이중 폭군들에 얽매인 존재일 뿐이다.

---

* **호레이쇼**: 햄릿의 동창으로 변함 없는 친구.

** **로즌크랜츠**: 왕(클로디어스)의 지시로 햄릿의 동정을 염탐해 보고하다가 오히려 햄릿에게 당하는 학교 친구.

스티븐은 〈율리시스〉에서 힘든 성장단계를 겪고 있으나 조이스의 어조는 낙관적이다. 소설을 다 읽은 독자들도 스티븐이 자신의 문제점에 대한 해답을 발견할 것이라고 느낀다.

○ 몰리 블룸

'페넬로페' 장은 몰리 블룸이란 인물을 유감없이 보여주고 있다. 그녀는 졸린 상태에서 자신의 생각들을 말한다. 매우 진솔한 몰리는 다른 여성들을 질투하는 성적 자아를 자연스럽게 받아들이고, 때로는 애인을 다룰 때 필요한 새치름한 태도를 보이며, 남편의 괴상한 버릇들도 완전히 이해한다.

그러나 몰리 역시 상징적 인물로서 그녀의 성격 묘사는 여러 겹의 의미를 내포한다. 무엇보다도 원초적인 여성성이 구체화된 그녀는 〈초상〉 4장 끝에서 스티븐이 물속에 서서 육욕에 사로잡힌 마리아를 보며 느꼈던 감정을 떠올리게 한다. 그 장면에서 바닷가 소녀의 자태가 몹시 관능적이고 그녀의 육체에서 위로를 받을지 모르지만, 스티븐은 훌륭한 작가가 되려는 지적인 목표를 성취하는 데 방해가 된다고 판단하고 유혹을 잘 버텨낸다. 〈초상〉에서 스티븐이 응시하는 '꿈의 소녀'는 길게 뻗은 해초가 몸에 착 달라붙어 있어서 인어 같은 모습으로 비친다. 몰리 역시 인어이면서, '칼립소' 장에서는 오디세우스를 여러 해 동안 이타카로 가지 못하게 만들었던 요부의 상징이다. 블룸이 '윤회'에 대해 정의하자 몰리가

"오, 암초군!"이라고 대꾸하는 상황은 그녀를, 노래를 불러 뱃사람들을 죽음의 여울목으로 유인한 세이렌(몰리는 가수다.)으로 만든다. 아울러 몰리의 보편적 여성성을 상징하는 월경은 그녀를 밀리 블룸과 마사 클리퍼드와 이어주고, 여성-요부로서의 그녀의 이미지는 파넬의 몰락을 야기한 키티 오셰이의 역할에서 나타난다. 몰리처럼 오셰이 장교의 아내는 '귀염둥이 여인'이었고, 파넬처럼 블룸은 지금 아일랜드의 정치적 독립보다는 에클레스 가 7번지에서 자신의 주권인 자치를 확립하려고 애쓰고 있다. 마지막으로 몰리는 블룸이 기르는 신비스럽고 수수께끼 같은 고양이의 요소들을 모두 갖고 있다. 그 고양이는 블룸의 집에서 따뜻이 큰 대자로 누워 있다가 (몰리가 집에 머무는 것처럼 보일 땐) 마지못해 건물을 떠난다. 왜 쥐가 고양이에게 잡혀 먹힐 때 비명을 지르지 않는지가 의아스러운 블룸이 자신의 처지를 생각하는 것은 당연한 이치다.

조이스가 대지의 여신처럼 여기는 몰리는 블룸이 갈망하는 따스한 육체를 지닌 여인으로서 더블린에서는 '평판'이 있는 원숙하고 상당한 미인이다. 글레스네빈 공동묘지로 가는 마차에서 잭 파워가 던진 '마담'에 대한 애매한 질문은 물론 의도하지는 않았겠지만 몰리를 상징적으로 주부 매춘부로 전락시킨다. 1894년 저녁, 일행들이 '클렌크리 감화원에서 펼쳐진 긴 연회…'에서 돌아오는 길에 블룸이 별들을 가리키며 설명하는 동안, 레너헌은 매코이에게 몰리의 '은하수'를 묘사하며('배회하는 바위들' 장의 9번째 부분) 그녀에게 했던 방자한 행동을 떠벌인다.(꼭 10년 후, 몰리는 여전히 그 '명성'을 갖고 있다.) '키클롭스' 장에서 신랄한 화자—이름 없는 사람—와 시민이 블룸에 대해 '그가 결혼한 여인의 살찐 엉덩이야말로 경기장 같은 그녀의 등판과 어울리는 하나의 멋진 구경감'이라고 말할 때도 몰리는 화젯거리가 되고, '에우마이우스' 장에서 블룸이 무관심한 스티븐에게 보여주는 물건도 바로 몰리의 옛날 사진이다. 마부의 오두막에서 블룸은 필사적으로 한때 아름다웠던 몰리의 모습을 찾으려고 애쓰고 있다.

몰리는 대지의 여신이지만 시들어가는 여신이고, 사랑 없는 결혼에 포로가 된 칼립소이다. 그녀의 애인 보일런은 우둔하고 감수성이 없지만 애처가인 남편은 일곱 가지 면에서 거의 자학적인 태도로 아내를 대한다. 아내의 기호에 맞춰 아침식사를 준비하고, 보일런-몰리가 애정행각을 쉽게 하도록 밀리를 멀리 보내고, 아내가 혹시 깨지 않을까 염려되어 집(그리고 결혼)의 열쇠를 포기하고, 아내에게 보일런의 편지를 전하고, 주문한 아내의 스킨로션을 깜빡 잊고 찾아오지 않았을 때 절망하고, 아내에게 음란서적인 〈죄의 쾌락〉을 빌려다주고, 아내 엉덩이에 입을 맞추는 것으로 하루를 마친다. 따라서 몰리의 성적인 공상들이 때로는 자기학대에 대한 암시를 내포하는 것은 당연하다. 예를 들어, 그녀가 가장 좋아하는 책 중 하나인 〈루비: 곡마단의 자랑거리〉는 가학적인 변태 사내에게 유혹당한 여성의 벌거벗은 몸에 관한 것이다. 그리고 블룸의 성적 무능은 몰리의 비애감을 더욱 부추긴다. 그는 자신의 느낌조차 말하지 않는다. 그러나 '세이렌' 장에서 독자는 블룸이 이상주의적 사랑을 꿈꾸는 마사를 제쳐놓고 몰리를 선택해 왔다는 사실을 알게 된다. 몰리가 그러한 결단을 알지 못하는 것이 불행한 일이다.

그러나 조이스는 몰리와 블룸이 경험한 부부의 모든 고통이 결국에는 그만큼의 기쁨으로 바뀔 수 있음을 암시한다. '페넬로페' 장에서 몰리는 독백이 끝나갈 무렵, 미래의 남편감에서 보일런을 제외한다. 또한 그녀는 침대로 아침식사를 가져오라는 블룸의 요구에 순순히 응할 것이며, 그녀의 마지막 생각들도 블룸에 관한 것이다. 따라서 독자는 〈율리시스〉에 나타난 블룸스데이의 날짜—조이스가 노라 바너클과 사랑에 빠진 것으로 확실시 되고 있는 그날—를 잊어서는 안 된다. 비록 조이스가 부부 사이의 부정에 관계되는 개념에 열중하고 있지만, 보일런과 몰리의 애정행각을 이 날로 선정한 이유는 아마 미래를 위해 한 줄기 희망을 암시하기 위해서일 것이다. 외모만 번지르르한 보일런의 허상을 꿰뚫어본 몰리는 틀림없이 블룸과 다시 한 번 뜻 깊게 결합할 것이다.

○ 휴 '블레이지즈' 보일런

'페넬로페' 장에서 몰리는 1904년 6월 16일에 애인 보일런과 있었던 매우 복잡한 심정을 공개하지만, 〈율리시스〉의 이곳저곳에서 보일런의 모습이 언뜻언뜻 나타난다. 사실, 블룸의 마음속에는 보일런이란 존재가 항상 편재해 있고, 여러 차례 연적을 생각할 때마다 그의 모습을 떠올린다. 블룸은 아내가 애정행각을 벌일 동안 딸 밀리를 멀린거로 보내지만 딸은 편지에서 보일런을 언급한다. "순진한 밀리가 최고의 존경을 그분에게 보낸다고 전해 주세요." '하데스' 장에서 글레스네빈 묘지로 마차를 타고 가던 사이먼 데덜러스, 마틴 커닝엄, 잭 파워가 길을 가는 보일런을 보고 칭찬을 해댈 때, 블룸은 조용히 손톱(nail. 블룸이 부부 간의 부정으로 십자가에 못 박혔기being nailed 때문에 그리스도를 대표하는 상징물)을 응시하며 어떻게 다른 면에서는 분별 있는 사내들이 '더블린에서 가장 나쁜 놈'을 좋아할 수 있을까, 하고 의아해 한다. '레스트리고니언스' 장에서 블룸은 보일런의 외모보다는 (사실이 아니고 고통스런 상념일지라도) 성병이 있을지도 모른다는 생각을 먼저 하고, 보일런의 특징인 밀짚모자와 광택 나는 구두를 보자 박물관으로 도망친다. '세이렌' 장에서 블룸은 겨우 용기를 내서 보일런을 따라 오먼드 호텔로 들어가지만 보일런이 볼 수 없는 자리에 앉는다. 보일런은 몰리를 만나기 전에 술로 몸을 따뜻이 데우고 있다.

보일런이 남자 중의 남자 — 권투선수의 매니저, 광고업자, 더블린에서 동경 받는 목소리를 지닌 훌륭한 가수 — 임에도 불구하고, 조이스는 여러 대목에서 그의 천박한 인품과 호색한 기질을 여실히 보여준다. 몰리의 집을 방문하기 전에 와인 한 병과 약간의 과일을 사려고 손턴 상점에 들른 보일런이 여점원의 블라우스 안을 훔쳐보는 모습을 통해 조이스는 그 남자의 생각이 온통 어느 쪽으로 쏠려 있는지 얼핏 눈치 채게 해준다. 그 여성을 단순히 '어린 암탉'으로 보는 그는 육체 이상을 볼 수 없는 무능함을 드러낸다. 교활한 보일런(언젠가 자신이 후원하는 권투선수가 훈련하는 동안 맥주를 마신다는 소문을 퍼뜨린 다음, 그 선수에게 돈을 걸어 한몫 챙겼다.)을 거의 신뢰하지 않는 몰리는 그가 보낸 선물들이 밀회를 회피하려는 술책일 수 있다고 생각한다.

여러 면에서 볼 때, 보일런은 우스꽝스러운 자기풍자로, 더블린의 프리아푸스*이다. 그는 몰리를 만나러 가기 직전에 (기꺼이) 오먼드 호텔에서 바 여종업원들을 희롱한다. 그리고 수탉 우는 소리인 '콕카라카라'는 그의 성적 능력의 과시와 인간의 정을 배신한 베드로 같은 인물임을 나타내는 신호다. 조이스는 보일런이 몰리와 (아마도) 네 차례의 절정을 맛보고도 골드 컵 경마에서 돈을 잃고는 창녀를 찾아 밤의 도시에 갔을 것이라고 암시한다.('키르케' 장)

보일런은 불륜을 숨기려는 시도도 하지 않고, 블룸과의

---

* **프리아푸스**(Priapus): 로마 신화. 남성 생식력의 신.

개인적인 관계조차 전혀 개의치 않는다. '이타카' 장에서 블룸은 여러 차례 보일런의 징후들 ─ 찢어진 마권, 빈 적포도주 병, 보일런과 몰리가 "사랑의 달콤한 옛 노래"를 함께 부르기 위해 정렬한 가구, 담배꽁초, 블룸의 침대에 남겨진 어떤 사내의 흔적 ─을 분명하게 발견한다. 조이스는 페넬로페의 침대에 부주의하게 남겨진 자두나무표 통조림의 고기 조각들을 통해 보일런이 성교할 때 얼마나 천박하게 행동했는지를 암시한다. '고기를 통조림 하는 것'은 성관계를 나타내는 더블린의 속어이기 때문이다.

보일런은 그의 천박함을 너무 잘 아는 몰리 앞에서 가리는 것도 없다. 그녀 앞에서 거리낌 없이 옷을 벗었고, 성교를 끝내려고 할 때는 매우 익숙한 방식대로 그녀의 엉덩이를 때렸다. 아마도 섹스는 몰리가 하자는 대로 했을 것이다. 몰리는 미래를 함께한다는 식의 헛된 희망은 갖지 않는다. 보일런이 그녀를 이용하듯, 몰리 역시 마찬가지다. 변덕스러운 남편으로부터 위안을 얻고, 어떻게 하면 선물을 우려낼까, 하는 생각을 하는 것이다. 그녀는 보일런이 질투가 많고 화를 잘 낸다는 것은 알고 있지만 블룸이 마음을 바꿔 두 사람의 순회공연에 동행하겠다고 결심하지 않기를 바란다. 그녀가 블룸과 한 방을 쓰고, 보일런이 다른 방에서 자게 되면 보일런은 그녀와 블룸 사이에 어떤 성적 접촉도 일어나지 않았다는 사실을 결코 믿지 않을 것이다. 옛날에도 보일런은 홧김에 보란 듯이 그녀 앞에서 우승할 가망이 없는 마권들을 찢어버리지 않았던가. 몰리를 처음 유혹할 때 보여준 이런 작태는 매우 현명하지 못한 처신이었다.

보일런의 상스러움을 생각하면, 결국 블룸이 승리하고 몰리가 남편에게 돌아오는 것이 가능하다. 골드 컵 경주에서 보일런의 남근을 상징하는 말 셉터가 패하고, 블룸을 상징하는 다크호스 스로어웨이가 승리했다. 이런 맥락에서 볼 때, 몰리는 6월 17일 늦은 아침에 침대에서 아침식사를 하겠다는 블룸의 소망을 들어줄 가능성이 크다. 아울러 그녀의 마지막 생각들은 남편에 대한 것으로 점철되어 있다. 무엇보다 설령 몰리를 보일런에게 잃는다고 해도, 블룸은 블레이지즈 보일런이 단지 '전기 계열의 마지막 인간…'에 불과하다는 것을 알고 마음의 위안을 얻는다.

다음 질문에 간단히 답하시오.

1. '텔레마코스' 장 끝에서 스티븐은 마텔로 탑을 떠나기로 결심한다. 무엇 때문에 이런 결심을 하게 되는가?

2. '네스토르' 장에서 디지 교장이 지닌 여성, 역사, 유대인, 금전에 대한 관점은 〈율리시스〉에서 비슷한 견해를 가진 다른 인물들의 경우와 어떻게 다른가? 디지의 사상은 이 소설에서 조이스가 의도하는 풍자에 얼마나 이바지하는가?

3. '프로테우스' 장은 변화를 다루고 있다. 스티븐은 과거의 어떤 요소들과 타협해야 하고, 현재 어떤 선택을 해야 하는가?

4. '칼립소' 장이 물질적 세계에 환호하는 남자 블룸을 어떻게 묘사하고 있는지 실례를 들어 설명하라.

5. '로터스 이터스' 장에서 조이스가 꿈결같이 졸린 최면상태를 어떻게 만들어내는지 논하라. 블룸과 마사 클리퍼드의 관계가 이 장의 분위기를 어떻게 전형화하는가?

6. '하데스' 장이 블룸의 외로움과 재치뿐 아니라 그가 로마 가톨릭 공동체에서 느끼는 소외감을 어떻게 보여주고 있는지 논하라.

7. '아이올루스' 장에서 신문사에 있던 토론자들은 아일랜드에 대해 어떤 의견을 제시하는가? 스티븐의 자두에 대한 우화는 토론자들의 많은 생각을 어떻게 종합적으로 다루고 있는가?

8. '레스트리고니언스' 장은 더블린 사람들이 보통 때 어떻게 살아가는지를 보여준다. 이렇게 일상적으로 일어나는 사건들에 관심이 있는

블룸의 관점은 독자들의 시각을 어떤 식으로 한정하는가?

9. '스킬라와 카립디스' 장에서 셰익스피어에 관한 스티븐의 견해들을 상세하게 논하라. 스티븐과 토론하는 사람들은 그의 견해에 어떻게 반응하는가?

10. '배회하는 바위들' 장에서 조이스가 구사하는 환상들을 서술하라. 또한 작은 에피소드의 구조가 〈율리시스〉의 전체 구조에 어떻게 기여하고 있는가?

11. '세이렌' 장에서 음악적 인유가 여기에 등장하는 블룸, 사이먼 데덜러스, 그리고 다른 사람들의 인격을 어떻게 규정하는가?

12. '키클롭스' 장에서 조이스는 계속 확대되는 침울하고 위협적인 분위기를 어떻게 조성하는가? 블룸과 시민의 절정에 다다른 대결은 두 남자의 어떤 면을 폭로하는가?

13. '나우시카' 장에서 마멀레이드 식의 문체는 조이스의 의도를 어떻게 배가시키는가? 그리고 조이스가 '나우시카' 장에서 〈오디세이〉와 조응하는 주제로 이용한 것들을 논하라.

14. '태양신의 황소들' 장에서 조이스는 영어가 발달하면서 나타난 몇몇 역사적인 문장들을 풍자한다. 그런 문장들을 풍자한 의도는 무엇인지 상세하게 설명하라.

15. '키르케' 장에서 의식과 무의식의 단계에서 일어난 사건들은 정화, 즉 블룸과 스티븐에 대한 정죄(淨罪)에 어떻게 도움이 되는지 논하라.

16. '에우마이우스' 장에서 사람들은 어떤 목적으로 허풍과 또 다른 허구들을 늘어놓는가? 그것들은 〈율리시스〉에 나타난 주요 주제들을 어떻게 반영하고 있는가?

17. '이타카' 장에서 교리문답식의 질문과 대답의 전체 구성은 조이스의 무한함에 대한 감각과 객관성을 전달하는 데 어떻게 기여하는가?

18. '페넬로페' 장에서 드러난 몰리 블룸의 성격을 상세히 논하라.

一以貫之
논술노트

〈율리시스〉, 진정한 삶을 찾아 방황하는 인간의 모험　○

실전 연습문제　○

一以貫之는 '논어'에 나오는 말로 '모든 것을 하나의 이치로 꿴다'는 뜻입니다.

논술의 주제와 문제 유형, 제시문들은 참으로 다양하고 가지각색입니다. 그러나 그 모든 것을 하나로 꿸 수 있습니다. '인간사회의 보편적 문제들에 대한 근원적인 물음에 답하는 자기 나름의 견해'라는 것이지요. 논술은 인간이면 누구나 부딪히는 개인적 또는 사회적 문제들에 대한 자기 나름의 고민이자 성찰입니다. 논술은 자기견해, 자기 가치관, 자기 삶에 대한 솔직한 고백입니다.

一以貫之 논술연구모임은 '자신의 물음'과 '자신의 생각'을 갖고 '자신의 글'을 쓸 수 있도록 도와줍니다.

〈집필진〉
이호곤, 우한기, 박규현, 김법성, 김재년, 김병학, 도승활, 백일, 우효기, 조형진

〈율리시스〉, 진정한 삶을 찾아 방황하는 인간의 모험

들어가며

〈율리시스〉, 고등학교 국어시간에 '의식의 흐름'이란 말과 함께 이름만 들어보았던, '조이스'의 소설을 처음 완독했다. 솔직히 이 소설이 문학적으로 이토록 중요하고 높은 평가를 받는지는 처음 알았다. 미국 유수의 출판사인 랜덤하우스는 이 작품을 금세기의 위대한 100대 영문소설 가운데 1위에 올려놓았고, 많은 평론가들이 '조이스'를 셰익스피어 이후 가장 위대한 영미 작가로 꼽았고, 우리나라에는 1979년부터 영문학전공 교수들과 문학가들이 중심이 된 '한국제임스조이스학회'가 활동중이며, 20여 년 학자 생활을 조이스의 작품만을 연구하고 우리말로 번역하는 데 바친 '김종건 교수' 같은 분이 있다는 등등의 사실을 접하고는 내가 생각했던 것 이상으로 이 소설이 중요하게 평가받고 있다는 것을 알게 되었다.

〈율리시스〉는 18개의 에피소드로 구성되어 있으며 수많은 등장인물과 다양한 주제와 문체들로 이루어진 방대한 장편소설이지만 줄거리는 의외로 간단하다. 1904년 6월 16일 아침 8시부터 한밤중인 새벽 2시까지 더블린에서 일어난 일상적 삶의 다양한 장면을 '스티븐', '블룸', '몰리'라는 세 주인공의 의식과 행위를 중심으로 묘사한 것이 기본 축이다. 그래서 특별하게 난해한 주제나 복잡한 갈등이 전개되지는 않는다. 그럼에도 이 소설이 읽기 어려운 것은 신학과 과학, 역사와 철학, 문학 등 '조이스'가 끌어들이는 방대한 인류의 문화적·지적 유산과 아일랜드의 민속과 역사적 현실 등을 따라가기가 어렵기 때문이다. 고유명사나 경구, 또는 시어, 언어의 조합과 축약 등으로 벌이는 조이스의 언어유희나 숨겨진 상징과 비유, 복선이나 암시 등을 모두 이해하고 즐기면서 읽는다는 것은 전문가 수준에서도 쉬운 일이 아닐 것이다.

조이스는 "나는 〈율리시스〉 속에 너무나 많은 수수께끼와 퀴즈를 감춰두었기에 앞으로 수세기 동안 대학교수들은 내가 뜻하는 바를 거론하기에 분주할 것이다. 이것이 자신의 불멸을 보장하는 유일한 길이다"라고 했다. "그가 어떻게 그 수수께끼와 퀴즈를 감춰두었는가"는 조이스의 말대로 문학전문가들에게 맡겨두자. 그들의 도움을 받아 나는 일반 독자의 한 사람으로 "조이스는 무엇을 말하고 싶어 방대한 수수께끼 같은 작품을 이토록 치밀하게 구축했을까?"라는 물음으로 이 작품에 다가가 보았다.

인간과 삶, 그 복잡함과 풍성함

〈율리시스〉가 아무리 복잡한 주제와 다양한 문체로 이루어졌다고 해도 조이스가 결국 가장 크게 보여주고 싶었던 것은 '인간의 삶'이고, 나아가 그 삶에 대한 성찰을 촉구하는 것이다. "내가 너희들 사는 모습을 그려 보일 테니, 너희들이 어떻게 살고 있는지, 잘 들여다보라"고 하는 것 같다.

조이스가 다양한 주제들로 삶을 성찰하고 있지만 그래도 그의 문제의식은 몇 가지로 압축할 수 있지 않을까 생각한다. 그 중 하나가 인간과 그 인간이 살아가는 삶이 가진 복잡성과 풍성함이다. 조이스는 인간의 삶을 구성하는 다양한 요소들이 어떻게 인간의 일상적인 의식과 언행에 작동하는지를 매우 정교하고 세밀하게 보여주기 위해 한 사회의 정치, 종교, 철학, 언어, 경제, 과학, 역사, 예술, 문학, 문화, 지리, 의학 등의 분야에 자리 잡고 있는 주요한 질서나 지적 전통들은 물론이고 다양한 인간 군상들 사이의 관계와 바다와 해안과 강을 포함한 자연환경, 물욕과 성욕 등으로 대표되는 인간의 욕망 등이 등장인물들의 내면과 외부 세계에 어떻게 반영되고 있는가를 꼼꼼히 기술하고, 외부의 시공간적 배경과 물리적 질서와는 다른 차원으로 그들에게 시시각각 찾아오는 온갖 상념과 별 잡스러운 생각에서부터 심오한 철학적 사색에 이르기까지 다양하고 복잡한 의식의 흐름을 묘사한다. 또한 주어진 순간과 상황에서 등장인물의 언행을 통해 보통사람이 보여줄 수 있는 인간성과 속물근성을 함께 드러내고, 스티븐이 죽은 어머니에 대해 느끼는 죄의식과 블룸이 예정된 아내 몰리의 간음에 대한 생각으로 괴로워하는 모습을 통해 과거와 미래가 어떻게 현재로 흐르고 있는지도 보여준다. 따라서 〈율리시스〉를 읽어가면 우리는 인간의 삶이 얼마나 다양한 요소와 변수에 의해 구성되어 있는지를 알게 되고, 삶의 복잡성과 풍성함을 다시 한 번 생각하게 된다.

삶과 세계를 이렇게 이해하게 되면 함부로 자신이 만나는 대상이나 사건, 문제 등을 하나의 순수한 본질로 쉽게 환원하지 않는다. 세상 만물은 결코 빛만으로도 어둠만으로도 또는 그밖에 다른 어느 하나의 본질로만 존재할 수 없다는 것이 조이스의 확고한 생각이다. 그는 삶의 구체성을 상실하게 만드는 환원주의적이고 본질주의적인 사고방식을 비판한다. 그의 이러한 생각은 〈율리시스〉 곳곳에서 드러나 있고 후속 작품인 〈피네간의 경야〉에서도 이어진다고 한다.

그들은 씻고 목욕하고 때를 문지른다. 양심의 가책. 양심 하지만 여기에도 오점은 있다.(1장 텔레마코스)

─정말이지 누구든지 아리스토텔레스와 플라톤을 비교하는 걸 들으면 내 피를 끓게 한단 말이야.

─두 사람 가운데 어느 쪽이, 스티븐이 물었다, 나를 그의 공화국에서 추방하려 했던가요?

너의 정의(定義)의 단검을 칼집에서 빼라. 마성(馬性)은 모든 말의 본질이다. 세태(世態)의 흐름과 영세(永世)를 그들은 숭배한다. 신(神): 거리의 소음(9장 스킬라와 카립디스)

"오늘날 우주 공간의 땅에 사는 모든 정직하고 선량한 사람은 그의 배경생활이 까맣게 또는 하얗게 씌어질 수만은 없음을 알고 있다. 진리와 비(非)진리를 합하여 실제로 이러한 잡동사니처럼 보이는 것이 한 작품을 만들어내는 것이다." 〈피네간의 경야〉 중에서

나아가 조이스는 삶의 이러한 복잡성이 세상 만물의 연기(緣起)와 모순(矛盾)으로부터 일어나고 있으며 그로 인해 우리의 삶은 불확실성 속에 놓이게 됨을 이야기한다. 해변에 건져 올린 익사체를 묘사하는 장면에서 그는 삶과 죽음, 인간과 자연이 어떻게 얽혀들어 인연을 맺고 있는지를 보여준다. 또한 주인공 블룸이 이웃의 장례식에 참석했을 때 본 의문의 인물에 대해 꿈에도 결코 생각해 본 일이 없는 녀석이 언제나 불쑥 나타난다고 함으로써 우리의 삶에는 언제든 예기치 못한 일이 일어날 가능성이 존재하고 있음을 말한다.

불결한 염수(鹽水)에 함빡 적셔 있는 시체 가스 망태기. 해면(海綿)의 진미(珍味)로 살찐, 전율하는 피라미 떼가, 그의 단추 채워진 바지 앞섶 터진 틈을 통하여 번쩍인다. 하느님은 인간이 되고 물고기가 되고 흑기러기가 되고 깃털 포단(蒲團)(페더 베드)의 산(山)이 된다. 살면서 나는 사자(死者)의 숨을 쉰다, 사자의 회진(灰塵)을 밟고, 온갖 사자들로부터 요수(尿水) 찌꺼기를 맛있게 먹는다.
(3장 프로테우스)

　　꿈에도 결코 생각해 본 일이 없는 녀석이 언제나 불쑥 나타나거든.(6장 하데스)

　　양극단은 만나게 마련이지. 죽음이 생의 최고 형식이야. 흥!
　　(15장 키르케)

　　삶의 불확실성이 줄어들면 삶의 가능성도 함께 줄어든다. 그럼에도 대다수 현대인들은 예측가능하고 계산 가능한 삶, 경제적이고 효율적으로 프로그램화된 삶의 편익에 익숙해 있다. 삶의 신비와 불확실성을 거부하고 자신과 가족 또는 이웃의 삶을 너무나 쉽게 틀 안에 가두고 단정적인 판단을 내린다. 즉 부와 권력, 명예 등 제한된 몇 가지 성공의 영역에 대한 가능성으로 한 인간의 존재가치와 삶을 평가하고, 그러한 평가와 인정을 향한 경쟁으로 소중한 삶을 낭비한다. 삶이란 그렇게 단순하고 간단하지 않음에도 그런 태도로 인간과 인간의 삶을 대한다. 우리의 삶이 점점 더 메마르고 황폐해지며 무미건조하게 되는 것이 바로 이 때문이다. 세계의 우연성과 다양성, 그리고 사물과 사건의 양면성 또는 모순성 등을 받아들이고 삶의 복잡성과 풍부함을 인정할 때만이 우리는 어떠한 삶과 인간이라도 다 이해하고 포용할 수 있다.

인생, 진정한 자신의 삶을 향한 모험과 방황

조이스는 〈율리시스〉에서 이처럼 단 하루의 일상으로 우리의 인생이 가진 풍부한 모습을 탐구한다. 그렇다고 그가 소설 속에서 인생을 구축하는 모든 것들을 보여주는 데 그쳤다면 금세기 최고의 영문소설이라는 평가를 받기는 힘들었을 것이다. 그는 삶의 복잡함과 불확실성을 그리는 것에 머무르지 않고 한 걸음 더 나아가 그 속에서 진정한 자신의 삶을 살아보려는 사람들의 방황과 모험을 그리고 있다.

젊은 주인공 '스티븐 데덜러스'는 자신과 세상 사이에서 방황한다. 달리 말해, 영국의 식민지체제와 보수적 가톨릭 전통이 지배하는 조국 아일랜드의 현실이라는 암울한 외부세계와 자신이 마음속으로 꿈꾸는 아름다운 이상 세계 사이에서 방황한다. 그러나 그 방황은 아무런 목적과 나침반이 없는 맹목적 방황이 아니다. 예술적 감수성과 비판적 지성으로부터 나오는 자신만의 주관을 가지고 기존의 전통과 권위, 질서 등에 대해 도전하면서 아름다운 삶, 참된 삶의 가능성을 현실세계에서 모색하는 방황이다. 다만 자신의 욕망과 현실 사이의 괴리에서 오는 갈등과 고통, 다양한 감정의 기복을 지혜롭게 다스릴 줄 아는 내적인 무게 중심을 아직 갖지 못했을 뿐이다. 바로 이러한 정신적 미성숙함이 그의 정신적 아버지격인 블룸의 인간적 성숙함과 대조를 이룬다. 블룸은 '천명의 절반 이상을 넘어' '분노의 감정을 억제하고 인내하도록 마음에 명령'(14장 태양신의 황소들)을 내릴 수 있을 정도로 자기 중심을 가지고 있다. 결국 스티븐은 블룸과의 만남으로 이어지는 일련의 모험을 통해 자신의 미성숙함을 넘어설 가능성을 열어간다.

모든 인생이란 나날이 거듭되는, 수많은 날의 연속이오. 우리가 우리들 자신을 통하여 걸어갈 때, 강도, 유령, 거인, 늙은이, 젊은이, 아내, 과부, 애(愛)형제들과 만나지만, 그러나 언제든지 결국에 만나는 것은 우리들 자신이오.(9장 스킬라와 카립디스)

너의 몸 밖에서 언제나 치고 있는 고동(鼓動) 그리고 너의 몸속에서 언제나 치고 있는 고동. 네가 노래하는 너의 심장인 거다. 그들 양자들 사이에 낀 나. 어디에? 그들이 소용돌이치는 두 포효(咆哮)하는 세계들 사이에, 나. 그들을 분쇄하라. 하나 그리고 둘 다. 그러나 나 자신을 또한 그 타격 속에 박살(撲殺)내라. 그렇게 할 수 있는 자여 나를 분쇄하라.(10장 배회하는 바위들)

블룸 역시 자신과 세계 사이에서 방황한다. 그는 시대와 불화하는 점에서 스티븐과 같지만 세상의 때 묻음과 자신의 더러움을 현실적인 것으로 받아들이는 점에서 스티븐과 다르다. 블룸은 불의에 대해 힘보다는 약자들을 향한 연민과 사랑으로 대항하는 그의 비범함과 자신의 물욕과 성욕을 충족하려는 보통사람의 평범함 사이를 방황한다. 그는 일상의 일을 처리할 때 자신의 한계와 가능성을 비교적 잘 아는 매우 현실적 인간과 시기하고 질투하고 미워하지만 참고 기다리고 용서하고 사랑할 줄 아는 풍부하고 따뜻한 낭만적 인간 사이를 방황한다. 그러나 그의 성스러움과 평범함, 그리고 속물근성 사이의 방황은 적절한 순간에 적절한 정도로 발휘되는 자연스러움을 가지고 있다. 그의 방황은 자신의 내적 동기에 의해서만 움직이는 나름의 일관성을 지닌 방황이다.

블룸 씨는 자신의 일에만 마음을 쏟는다는 것을 언제나 생활신조로 삼아왔기 때문에 타고날 때부터의 섬세한 동기에 의해서만 행동해온지라 급히 그 자리를 피하긴 했으나, 비록 조금도 겁을 먹진 않았지만 그럼에도 불구하고, 한 가닥 근심의 빛을 띠며 '꾸이비브(경계하면서)' 거기에 머물러 있었다.(16장 에우마이우스)

블룸의 아내 몰리 역시 남편 블룸과 애인 보일런 사이에서 방황한다. 다시 말해, 성적으로 원만하지 못한 결혼 생활과 가정의 지속과 우둔하고 감수성 없는 '보일런'과의 외도 사이에서 헤매는 것. 그러나 그녀는 약간은 소극적이고 수동적으로 보이는 블룸보다 욕망 실현에 더 당당하고 솔직하며 적극적이다. 어떻게 보면 우울할 수 있는 자신의 상황을 낙관적으로 수용하면서 삶을 살아가려 한다. 그녀의 방황은 생식과 생명의 유지를 위해 모든 것을 보듬는 원초적 생명력을 가진 여성성의 방황이다.

그이는 나를 야산(野山)의 꽃이라 했어 그렇지 우리들은 꽃이야 여자의 몸은 어디나 할 것 없이 그래 그것이 그이가 생전에 말한 단 한 가지 진실이었어 그리고 오늘은 태양이 당신을 위해서 비친다고 말이야 그래 그것이 그이를 좋아하게 된 이유였어 왜냐하면 그이는 여자가 어떤 것인지 이해하거나 느끼고 있다는 걸 나는 알았거니와…(18장 페넬로페)

조이스는 진정한 삶을 살아가려는 세 주인공의 이러한 방황을 매우 따뜻한 시선으로 그려낸다. 이러한 그의 시각이 나는 이 소설을 불후의 명작, 자신의 표현으로 말하자면 '불멸하는 길'에 올려놓지 않았을까 싶다. 삶은 신비한 모험이다. 조이스는 삶의 모험을 그대로 받아들이고, 진심으로 반기며, 살아 있음의 모험을 즐기라고 우리에게 말하는 것 같다. 우리는 자신의 진정한 삶을 찾기 위해 방황에 나설 여유를 가지는 한편, 다른 사람의 방황도 기다리고 이해해 줄 줄 알아야 한다. 그러나 불행히도 우리 사회는 그렇지 못하다. 온 사회가 무엇엔가 쫓기듯이 서두른다. 어른들은 시장 경쟁에, 아이들은 입시 경쟁에 내몰린 상태에서 자신과 타인의 진정한 삶을 찾기 위한 방황을 기다려줄 여유를 상실하고 있다. 안타깝게도 정치나 언론은 물론 심지어 교육마저 유치원부터 대학에 이르기까지 먹고사는 문제로 아이들과 청소년을 협박하여 그들의 삶의 풍부한 가능성과 개성을 죽이는 데 앞장서고 있다.

인간의 정신은 그렇게 쉽게 타락하지 않고 인간의 몸 또한 그렇게 쉽게 망가지지 않는다. 그것은 끈질긴 자기치유력과 생명력을 가지고 있다. 한때 선을 넘는 과도한 행동으로 방황한다고 그것으로 한 사람의 인생이 결정되는 것은 아니다. "한 끼 체했다고 밥을 원수로 삼지 말라"는 말이 있다. "한 번 잘못됐다고 방황을 원수로 삼지 말라." 진정한 자신의 삶을 찾는 방황, 도전과 모험이 없는 인생은 우울하다.

진정으로 산다는 것의 정반대

〈율리시스〉를 통해 조이스는 자신이 진정한 삶이 아니라고 생각되는 것들을 비판하고 조롱하고 비웃는다. 그는 플라톤의 이상주의나 형이상학, 당시 유행하던 A. E. 러셀의 접신론적 신비주의에 대해 비판적이다. 이는 앞서 인용한 '스킬라와 카립디스' 장에서 플라톤을 아리스토텔레스와 비교하며 비판하는 장면에 잘 드러나 있다. 그는 여기서 시인을 그의 〈공화국〉에서 추방하고, 개별적인 말(馬)들을 '말'이란 총체적 개념의 불완전한 모사품(模寫品)에 지나지 않다는 플라톤의 주장을 풍자하고 있다. 이러한 일련의 관념론적 경향들은 삶의 구체성과 풍성함을 느끼고 즐기는 것을 방해하고 고상한 정신적 귀족주의나 유아론적 주관주의로 빠진다. 그것은 지금 여기에서 진행중인 삶의 현실을 왜소하고 보잘것없는 것으로 만들기 때문이다. '햄릿'의 비극적인 삶이 바로 그와 같은 것이다. '아버지 유령'에 홀려 자신의 운명을 하나의 틀에 가두고 축소시킴으로써 그는 자신의 삶이 가진 여타의 다른 모든 가능성과 가치를 의미 없는 것으로 만들어버린 것이다.

다음으로 그는 영국과 가톨릭 같은 지배 세력과 질서에 대해 비판적이다. 이것들에 대한 굴종은 무기력하고 강요된 삶을 낳는다. 당당하고 세력을 과시하는 칭호들에 대한 조이스의 거부감은 소설의 곳곳에서 읽힌다. 특히 '텔레마코스' 장에서는 스티븐이 '멀리건'과 '헤인즈'와 벌이는 대화, 어머니의 임종 기도 요구를 거부함에 따른 죄의식 등을 통해 이런 점이 잘 나타난다. 권위주의에 대한 반대 없이 기존질서에 대한 도전과 반항, 진정한 삶에의 모험과 방황은 없기 때문이다.

─결국, 나는 틀림없이 자네가 자네 자신을 해방시킬 수 있다고 생각하네. 자네는 자네 자신의 주인인 것 같아 내 생각에.

─나는 두 주인의 종놈이야, 스티븐이 말했다. 한 사람의 영국인과 한 사람의 이태리인.

이태리인이라? 헤인즈가 말했다.

늙고 질투심 많은. 미친 여왕. 내 앞에 무릎을 꿇어라.

─그리고 셋째는, 스티븐이 말했다. 나에게 엉뚱한 짓을 요구하

는 자야.

　—이태리인 이라? 헤인즈가 다시 말했다. 자네 무슨 뜻이지?

　—대영제국, 스티븐이 얼굴에 열을 올리면서 대답했다. 그리고
신성로마 가톨릭 사도 교회지.(1장 텔레마코스)

　　조이스는 또한 아일랜드 민족주의 및 켈트의 문화전통과
인습을 부활하려는 문예운동, 반유대주의 등을 비판한다. 특
히 ‘키클롭스’ 장에서는 ‘힘’에 기초한 민족주의의 편협성 대
신에 박해받는 약자에 대한 연민(憐憫)에서 우러나오는 인류
애를 대안으로 제시한다. 편협한 역사의식, 정치의식, 사회의
식 등은 그에 기초한 정치적 행동과 더불어 〈오디세이〉의 외
눈박이 괴물 ‘키클롭스’처럼 사물의 다른 면을 폭넓게 보지 못
하게 만들어 우리의 삶을 축소시키기 때문이다.

　—강탈당하고, 그는 말한다. 약탈당하고. 모욕당하고. 박해당한
채. 정당하게 우리에게 속하는 것을 빼앗고 있는 거지. 지금 바로 이
순간에도. 그는. 주먹을 치켜 올리면서 말한다. 노예나 가축처럼 모
로코에서 경매로 팔리고 있단 말이오.

　—당신은 새(新) 예루살렘에 관해 이야기하고 있는 거요? ‘시민’
이 말한다.

　—나는 불의에 관해 이야기하고 있소. 블룸이 말한다.

　—옳아, 존 와이즈가 말한다. 그러면 사나이답게 힘으로 그에

대항하게.

(중략)

—그러나 그건 소용없는 짓이야. 그는 말한다. 힘, 증오, 역사, 그따위 모든 것. 그건 남녀를 위한 삶이 아니지. 모욕 그리고 증오. 그리고 누구나 그것은 진정으로 산다는 것의 정반대라는 걸 알고 있지.

—뭐라고? 앨프가 말한다.

—사랑. 블룸이 말한다. 내가 뜻하는 것은 증오의 반대지.

(12장 키클롭스)

마지막으로 조이스가 〈율리시스〉에서 조롱하는 것은 '스티븐의 부친과 숙부로 대표되는 집안사람들', '디지'나 '보일런' 같은 사람들이 보여주는 속물주의다. 스티븐의 집안사람들은 스티븐의 예술적 지향을 세속적 '성공'이라는 잣대로 폄훼(貶毁)한다. 스티븐이 임시교사로 있던 초등학교의 교장 '디지'는 교육자임에도 불구하고 물욕에 대한 속물근성을 보여준다. 블룸의 아내 몰리의 애인 '보일런'은 겉멋만 부리는 비열한 인간으로 블룸에게 '더블린에서 가장 나쁜 놈'으로 지목당한다. 이런 속물주의는 인간의 삶이 진리와 아름다움과 선함을 좇아 상승하는 것을 방해하기 때문이다.

부패의 집들, 나의 집, 그의 집, 그리고 모두. 너는 클롱고스의 패거리들에게 판사 숙부와 육군 대장 숙부를 가졌다고 말했지. 그따위 얘긴 집어치워. 스티븐. 미(美)는 거기 있는 게 아니야. 그리고 네가 '요하임 압바스'(이탈리아의 신비주의 신학자)의 사라져가는 예언들을 읽은 바 있는 마시의 도서관의 침체된 골방에도 없단다.

   (3장 프로테우스)

조이스가 〈율리시스〉에서 '진정한 삶의 정반대'로 보고 비판하는 사고방식이나 삶의 자세들은 오늘날 우리 사회에서도 널리 만연해 있는 것들이다. 경쟁에서 승리하는 것, 또는 출세와 성공만이 삶의 유일한 목적인 것처럼 알고 있는 속물들과 경제제일주의가 우리 사회를 지배하고 있다. 권력화된 거대 종교, 신문과 TV를 비롯해 상업주의에 물든 언론, 편협한 정치집단들은 하나같이 자신들의 세력 확대나 영향력을 넓히는 데만 몰두한다. 온 나라가 '돈'과 '출세'를 좇는 일에 미쳐 돌아간다. 그럼에도 가난한 사람의 수는 늘어가고 빈부격차는 커져간다. 그래서 그런지 대다수 사람들이 결정적인 순간에 인간성보다 이익을 택한다. 사람들의 시야와 관심을 폭넓고 다양한 가치들로 돌리거나 삶에 대한 성찰을 위해 애쓰는 사람들의 목소리는 너무도 미약하다.

연민(憐憫), 모두에게 있는 삶의 개선을 위한 영웅의 자질

조이스는 블룸을 현대의 영웅이나 그리스도, 또는 부처로 내세운다. 그는 고귀한 인간성과 속물근성, 즉 성(聖)과(俗)을 모두 가진 보통사람의 전형이지만 다른 보통사람들보다 특별하게 눈에 띄는 자질이 그를 그렇게 부를 수 있게 한다. 그것은 바로 인간에 대한 참된 연민(憐憫)과 사랑이다. 어쩌면 이것이 〈율리시스〉의 가장 큰 주제라고 볼 수도 있다.

앞서 인용한 '키클롭스' 장에서 '시민' 및 다른 사람들과 블룸이 대화하는 장면은 그의 이러한 특질을 가장 직접적으로 잘 드러내고 있다. 뿐만 아니라 '태양신의 황소' 장에서 블룸이 '퓨어포이' 부인의 산고(産苦)를 위로하기 위해 국립산부인과 병원에 나타난 장면, 18장에서 몰리가 남편 블룸에 대해 생각하는 장면 등에서도 그의 이러한 자질은 반복되어 칭찬된다. 게다가 소설에서 가장 중요한 만남인 스티븐과의 만남, 즉 밤늦게 그를 국립산부인과 병원에서 지켜보다 매음촌(賣淫村)까지 동행하고 집으로 데려와 보살펴주는 것 역시 친구의 아들에 대한 연민 때문이다.

이 산원까지 그를 홀로 인도한 것은 단지 인간에 대한 참된 연민(憐憫)이었도다.(14장 태양신의 황소들)

그런데도 그이가 저따위 늙은 할망구나 급사 거지에게까지도 친절히 대해 주는 것이 난 좋아 그이는 무턱대고 뽐내지는 않아 하지만 언제나 그런 건 아니지만.(18장 페넬로페)

사실, 참된 연민과 진정한 사랑은 모든 성현들이 보여준 위대한 특질이다. 석가모니는 일찍이 모든 사람이 부처가 될 자질, 즉 불성(佛性)을 가지고 있으니 이를 발현하기 위해 정진하라고 가르친 바 있다. 자비(慈悲)란 남의 고통에 더불어 슬퍼한다는 뜻이다. 예수는 네 이웃을 네 몸과 같이 사랑하라고 했고, 유가를 대표하는 공자와 맹자가 어진 사람 인(仁)과 인간의 본성에 있는 측은지심(惻隱之心)을 강조했다. 천지불인(天地不仁)이란 말이 있듯이 자연은 냉혹하고 사람을 가리지 않는다. 사람이 사람인 것은 바로 다른 삶에 대해 함께 공감하고 아파하는 능력 때문이다.

다른 이의 고통에 함께 아파하는 능력은 타인의 삶의 가능성을 더 열어줄 뿐만 아니라 자신의 삶을 정화시키고 더욱 풍성하게 한다. 이런 자세로 사람을 만나면 관계하는 상대방이 어떠한 사람이라 할지라도 그 사람의 장점을 발현하게 하고 좋은 측면의 에너지를 이끌어낼 수 있다. 진정한 공감으로 소통하는 사람, 가슴으로 사는 사람, 인간성을 섬기는 사람이 되라고 조이스는 블룸을 영웅으로 내세운 것이 아닐까 싶다. 그는 눈만 뜨면 경제적 이해에만 관심을 쏟고 일신의 안일만을 추구하는 사람들에게 가짜 삶에 갇혀 살지 말고 진정한 삶을 찾으라고 쓴 소리를 하고 있는 것이다.

나가며

‘에우마이우스’ 장에서 블룸이 "왜 부친의 집을 나왔느냐"고 묻자 스티븐은 ‘불행을 찾기 위해서’라고 역설적으로 대답한다. ‘집 떠나면 고생’이란 말이 있듯 가정은 원래 익숙하고 편안한 곳이다. 그처럼 익숙하고 편안한 곳이 행복한 자리일 수도 있지만 자신을 속박하는 불행의 자리가 될 수도 있다. 익숙하고 편안한 자아에 속박당하면 진정한 자신의 삶을 찾기 위한 도전과 모험, 방황은 멈추게 된다. 이미 성취한 자기를 버리지 않으면 더 나은 자신은 없다. 괴테는 〈파우스트〉에서 ‘인간은 노력하는 한 방황하는 법’이라고 하지 않았던가!

흔히들 스티븐과 블룸을 ‘열쇠 없는’ 영웅이라고 한다. 스티븐과 블룸 둘 다 집을 나오면서 돌아갈 열쇠를 갖지 못한다. 어찌 집뿐이겠는가! 방황을 시작하면 어쩌면 다시는 본래의 자리로 돌아갈 수 없을지 모른다. 가진 것을 모두 잃을 수도 있다. 그러나 열쇠를 가진들 무슨 소용이 있으랴! 인생의 문을 한 번에 열어젖힐 열쇠, 만능키는 없다. 한 번 열린 문 다음에 새로운 문이 있고, 또 새로운 열쇠를 버리면서 나아가야 새 문을 열 수 있다. 한 번의 도(道)를 깨쳤다고 죽을 이유가 없다. 세상에 도(道)가 완전히 실현될 날은 없기 때문이다. 그래서 공자는 절대 죽지 않을 자신이 있었을 것이다.(朝聞道 夕死可矣!)

왜냐하면, 매기 씨가 말하듯 자연은 완성을 혐오하기 때문이오.
(9장 스킬라와 카립디스)

부처와 예수처럼 적극적으로 집을 떠나 일생을 숲과 광야,
사람들 사이를 방황하지 못하더라도 불쑥불쑥 만나는 인연과
삶의 우연을 받아 안고 삶의 모험을 즐기며 살고 싶다. 질서를
넘어서는 모험 없이 창조는 없다. 대가를 바라지 않고 결과에
연연하지 않고 자기중심을 가지고 방황하는 사람이 되고 싶다.

아니에요, 어머니! 나를 그대로 살게 내버려둬요.
(1장 텔레마코스)

다음 글을 읽고 물음에 답하시오.

(가)

> 단 한 번도 승자가 되고 싶지 않았다.
> 다만 사랑하고 사랑받는 사람이 되고 싶었을 뿐
> 나는 어느 누구의 적도 아니며 적이 되고 싶은 적도 없었다.
> 무엇을 얻는 대신 그저 주고만 싶었기 때문이다.
> 그러나 다른 이들의 눈에 나는 오히려 강자로 비쳤다.
> 그것은 하나의 오해다! 해협만큼이나 깊고 깊은 오해다!
> 나는 다만 언제나 침묵하는 수많은 사람들 편에 서서
> 저도 모르게 몇 구절 노래를 흥얼거렸을 뿐이다.
> 가끔 가다 기나긴 탄식을 뱉어냈을 뿐!
> 허나 뉘라서 알았으리! 탄식도 폭풍 같은 메아리로 돌아
> 올 줄을!
> 나는 고통으로 쏟아져 나오는 신음 소리를 참을 길 없어
> 또 사랑하고 사랑받기에 산새처럼 즐겁게 노래한다.
> 노래하는 내 목줄을 내 손으로 끊는 것보다
> 더 고통스러운 일은 없는 까닭이다.
>
> — 빠이화(白樺) "탄식도 메아리로 돌아오네"

(나)

　　─박해(迫害), 그는 말한다. 세계의 모든 역사는 그것으로 가득 차 있어. 민족들 간의 민족적 혐오를 영구화시키고 있는 거야.

　　─그러나 자네는 민족이 무슨 뜻인지 아나? 존 와이즈가 말한다.

　　─그럼, 블룸이 말한다.

　　─그게 뭔데? 존 와이즈가 말한다.

　　─민족? 민족이란 같은 지역 안에 살고 있는 같은 백성이지.

　　─하느님 맙소사. 그러면, 네드가. 소리 내어 웃으면서. 말한다. 만일 그렇다면 나도 지난 5년 동안을 같은 지역에 살고 있으니까 민족이군.

　　그런고로 물론 모두들 블룸을 비웃자 그는 비웃음을 청소하려고 애를 쓰면서, 말한다.

　　─혹은 역시 다른 지역에 살고 있는.

　　─그건 내 경우에 합당한 말이야. 조가 말한다.

　　─실례지만 당신의 국적은 뭐요? ‘시민’이 말한다.

　　─아일랜드. 블룸이 말한다. 나는 여기서 태어났소. 아일랜드요.

　　‘시민’은 아무 말도 하지 않고 단지 그의 목구멍으로부터 가래침을 모아. 그러고는 젠장, 그는 레드뱅크의 그 굴 같은 가래침을 바로 구석에다 몸 밖으로 내뱉었다.

  (중략)

  ─그런데 나도 역시 한 종족에 속해요. 블룸이 말한다.
미움을 받으며 박해를 당하고 있지. 지금도 역시. 지금 바로
이 순간. 바로 이 시각에.

  젠장. 그는 여송연을 너무 오래도록 피워 꽁초에 손가락
을 태울 판이었다.

  ─강탈당하고, 그는 말한다. 약탈당하고. 모욕당하고. 박
해당한 채. 정당하게 우리에게 속하는 것을 빼앗고 있는 거지.
지금 바로 이 순간에도. 그는. 주먹을 치켜 올리면서 말한다.
노예나 가축처럼 모로코에서 경매로 팔리고 있단 말이오.

  ─당신은 새(新) 예루살렘에 관해 이야기하고 있는 거요?
'시민'이 말한다.

  ─나는 불의에 관해 이야기하고 있소. 블룸이 말한다.

  ─옳아, 존 와이즈가 말한다. 그러면 사나이답게 힘으로
그에 대항하게.

  ─그러나 그건 소용없는 짓이야. 그는 말한다. 힘, 증오,
역사, 그따위 모든 것. 그건 남녀를 위한 삶이 아니지. 모욕 그
리고 증오. 그리고 누구나 그것은 진정으로 산다는 것의 정반
대라는 걸 알고 있지.

  ─뭐라고? 앨프가 말한다.

  ─사랑. 블룸이 말한다. 내가 뜻하는 것은 증오의 반대지.

자 이제 나는 가봐야겠네. 그는 존 와이즈에게 말한다.

— 제임스 조이스 〈율리시스〉

(다)

　　독일의 신학자 본 회퍼 목사의 이야기입니다. 본 회퍼 목사는 히틀러의 나찌 치하에서 나찌와 정면 대결을 했던 신학자였습니다. 그는 나찌가 교회를 장악하기 위해 민족주의적이고 인종주의적인 '독일 그리스도인'을 조직했을 때, 그에 대항하여 '고백교회'를 조직한 중추 인물 가운데 한 사람이었으며, 당시 독일군 수뇌부 가운데 한 사람이었던 한스 폰 도나니 장군과 함께 히틀러 암살 계획에 참여하기도 했던 사람이었습니다. 히틀러 암살 계획은 실패로 돌아갔고 본 회퍼는 체포되어 결국 1945년 4월 9일 39세의 나이에 처형을 당했습니다. 히틀러가 자살을 하기 딱 21일 전입니다.

　　그가 체포되어 감옥에 갇혀 있을 때 한 이탈리아 사람이 물었습니다. "당신은 그리스도인이고 목사인데 어떻게 이런 음모에 가담할 수 있었습니까?" 그 물음에 본 회퍼는 주저 없이 답했습니다. "만일 어떤 미친 사람이 자동차를 몰고 사람이 걸어 다니는 보도 위로 달리기 시작했다면, 나는 목사로서 그 자동차에 희생된 사람의 장례를 치르고 그 친족들을 위로하는 것으로 내 임무를 다했다고 생각할 수 없을 것입니다. 내가 그 장소에 있었다면, 나는 그 자동차를 빼앗아 타고 그 미친 사람에게서 핸들을 빼앗아야 할 것입니다." 그는 그렇게 분명한 소신으로 행동하였습니다. 그의 히틀러 암살 계획은 실패했지만, 역사는 그의 믿음이 옳았다는 것을 입증해 줬습니다.

〈문제 1〉 제시문 (가)의 화자와 제시문 (나)의 블룸이 가진 공통된 삶의 자세를 추출하여 말하시오.

〈문제 2〉 주어진 제시문을 모두 참고하여 그러한 삶의 자세가 제시문 (나)의 밑줄 친 문제를 해결하는 데 가질 수 있는 의의와 한계에 대해 논술하시오.

다음 글을 읽고 물음에 답하시오.

(가)

파우스트 무서운 마음의 혼란으로부터는
귀에 익은 달콤한 음조가 끌어내 주었고
유년기의 감정이 아직 남아 있는 내 마음은
즐거웠던 그 시절의 여운으로 속였지만,
나는 저주하노라, 내 영혼을
유혹과 속임수로 사로잡아
이 슬픔의 동굴 속에
기만과 감언이설로 잡아놓는 모든 것을!
무엇보다, 우리 정신이 사로잡혀 있는
저 드높은 욕망을 저주하노라!
꿈 속에서 우리를 기만하는
명예니 불멸의 명성이니 하는 거짓을 저주하노라.
처자식, 종복, 쟁기 등
소유물로서 우리에게 아첨하는 것을 저주하노라.
황금의 신(神) 마몬을 저주하노니,

재물을 믿고 갖가지 무모한 행동을 하도록 충동질하고,
안일한 쾌락을 누리도록
편한 자리를 마련해 주기 때문이다.
저주하노라, 포도의 향긋한 단물을!
저주하노라, 저 지고한 사랑의 은총을!
저주하노라, 희망을! 그리고 신앙을!
저주하노라, 무엇보다 인내심을!

— 괴테 〈파우스트〉

(나)

(1) 부패의 집들, 나의 집, 그의 집, 그리고 모두. 너는 클롱고스의 패거리들에게 판사 숙부와 육군 대장 숙부를 가졌다고 말했지. 그따위 얘긴 집어치워. 스티븐. 미(美)는 거기 있는 게 아니야. 그리고 네가 '요하임 압바스'(이탈리아의 신비주의 신학자)의 사라져가는 예언들을 읽은 바 있는 마시의 도서관의 침체된 골방에도 없단다.

(2) —정말이지 누구든지 아리스토텔레스와 플라톤을 비교하는 걸 들으면 내 피를 끓게 한단 말이야.

—두 사람 가운데 어느 쪽이, 스티븐이 물었다, 나를 그의 공화국에서 추방하려 했던가요?

너의 정의(定義)의 단검을 칼집에서 빼라. 마성(馬性)은 모든 말의 본질이다. 세태(世態)의 흐름과 영세(永世)를 그들은 숭배한다. 신(神): 거리의 소음: 대단히 소요학파적. 공간: 그건 네가 경치게도 잘 보지 않으면 안 되는 거야. 인간의 피의 적혈구보다 더 작은 공간들을 통하여 그들은 브레이크의 엉덩이를 쫓아 이 식물계(植物界)는 오직 한 가닥 그림자에 지나지 않는다는 영원의 세계 속으로 기어들고 있는 거다. 꼭 붙들어요. 꼭 붙들어요. 현재와 여기를. 그들을 통하여 모든 미래가 과거로 뛰어든다.

— 제임스 조이스 〈율리시스〉

〈문제 1〉 제시문 (가)와 제시문 (나)에서 공통으로 비판하고 있는 삶의 태도는 무엇인가?

〈문제 2〉 그러한 태도가 오늘날 우리의 삶에 어떤 문제를 가져올 수 있는지를 기술하고 대안적인 삶의 태도에 대해 논술하시오.

다락원 명작노트 048

율리시스

펴낸이 정효섭
펴낸곳 (주)다락원

초판 1쇄 인쇄 2007년 8월 16일
초판 1쇄 발행 2007년 8월 20일

책임편집 안창열, 김지영
디자인 손혜정, 박은진
번역 박진훈, 손승희
삽화 손창복

다락원 경기도 파주시 교하읍 문발리 509-1
Tel:(02)736-2031 Fax:(02)732-2037
(내용문의: 내선 410/구입문의: 내선 113~114)
출판등록 1977년 9월 16일 제300-1977-23호

Copyright ⓒ 2007, 다락원

출판사의 허락 없이 이 책의 일부 또는 전부를
무단 복제·전재·발췌할 수 없습니다.
잘못된 책은 바꿔 드립니다.

값 8,500원

ISBN 978-89-5995-163-5 43740

〈행복한 명작 읽기〉는 기초가 약한 영어 초급자나 초, 중, 고 학생들이 보다 즐겁고 효과적으로 명작들을 읽으며 독해력을 키울 수 있도록 개발된 **독해력 증강 프로그램**입니다.

국판 | **Grade 1, 2, 3** 각권 6,000원(오디오 CD 1개 포함)
Grade 4, 5 각권 7,000원(오디오 CD 1개포함)
*어린왕자 8,000원(오디오 CD 2개 포함)
**고도를 기다리며 9,000원(오디오 CD 2개 포함)

책의 특징

1 골라 읽는 재미가 있다. 초보자를 위한 350단어 수준에서 중고급자를 위한 1,000단어 수준까지 5단계 구성.
2 단계별로 효과적인 영어 읽기 요령과 영문 고유의 참맛을 느낄 수 있는 장치가 곳곳에.
3 읽기만 해도 영어의 키가 쑥쑥 - 해석을 돕는 돼지꼬리(◞), 영어표현 및 문법 설명, 퀴즈가 왕창.
4 체계적인 듣기 학습까지. 전문 미국 성우들의 생동감 넘치는 원음을 담은 오디오 CD 제공.

Grade 1 Beginner	**Grade 2** Elementary	**Grade 3** Pre-intermediate	**Grade 4** intermediate	**Grade 5** Upper-intermediate
350words	**450**words	**600**words	**800**words	**1000**words
1 미녀와 야수	11 이솝 이야기	21 톨스토이 단편선	31 오페라 이야기	41 센스 앤 센서빌리티
2 인어공주	12 큰 바위 얼굴	22 크리스마스 캐럴	32 오페라의 유령	42 노인과 바다
3 크리스마스 이야기	13 빨간머리 앤	23 비밀의 화원	33 어린 왕자*	43 위대한 유산
4 성냥팔이 소녀 외	14 플랜더스의 개	24 헬렌 켈러, 나의 이야기	34 돈키호테	44 셜록 홈즈 베스트
5 성경 이야기 1	15 키다리 아저씨	25 베니스의 상인	35 안네의 일기	45 포 단편선
6 신데렐라	16 성경 이야기 2	26 오즈의 마법사	36 고도를 기다리며**	46 드라큘라
7 정글북	17 피터팬	27 이상한 나라의 앨리스	37 투명인간	47 로미오와 줄리엣
8 하이디	18 행복한 왕자 외	28 로빈 후드	38 오 헨리 단편선	48 주홍글씨
9 아라비안 나이트	19 몽테크리스토 백작	29 80일 간의 세계 일주	39 레 미제라블	49 안나 카레니나
10 톰 아저씨의 오두막	20 별 | 마지막 수업	30 작은 아씨들	40 그리스 로마 신화	50 나에겐 꿈이 있습니다 –명연설문 모음
쉬운 영문을 통해 영어 독해에 대한 막연한 두려움을 없앤다		실력에 맞게 효과적으로 끊어 읽으며 직독직해 훈련을 한다.		영문판 원서 도전을 위한 전 단계의 준비과정이다.
왕초보 기초다지기		**실력 굳히기**		**영어의 맛** 제대로 느끼기